HISTOIRE SECRÈTE

DES AMOURS

DE LA FAMILLE

N. BONAPARTE.

Je restai seule avec Mr de Marbœuf qui m'invita
à faire une promenade dans le jardin, en
attendant Carlos, mon mari.

HISTOIRE

SECRÈTE

DES AMOURS

DE LA FAMILLE

N. BONAPARTE.

Ludibria ventis.

A PARIS,

Chez { DAVI et LOCARD, libraires, rue de Seine, n° 54, près la rue de Bussy.
DELAUNAY, Libraire, Palais-Royal, galerie de bois.

1815.

HISTOIRE SECRÈTE

DES AMOURS

DE LA FAMILLE

N. BONAPARTE.

——

PREMIÈRE SOIRÉE.

AMOURS DE MADAME LÆTITIA BONAPARTE.

UNE soirée que les hautes puissan-
ces Napoléoniennes étaient réunies
à Saint-Cloud, madame Marie Lætitia, femme de Carlo Bonaparte
et mère de Nicolas ou Napoléon
Bonaparte, successivement lieute-
nant d'artillerie, général, premier
consul et puis empereur des Fran-

çaìs ; de Joseph Bonaparte, successivement clerc de procureur à Marseille, membre du conseil des cinq-cents, ambassadeur à Rome, conseiller d'état, sénateur, roi de Naples et enfin roi de toutes les Espagnes; de Lucien Bonaparte, successivement *garçon* gâcheux dans une des écoles primaires de Marseille , commissaire des guerres , membre du conseil des cinq-cents, membre du tribunat , ministre de l'intérieur et enfin sénateur ; de Louis Bonaparte, successivement sénateur et grand dignitaire de l'état, et enfin roi de Hollande ; de Jérôme Bonaparte, roi de Westphalie ; de Pauline Bonaparte, d'abord courtisane, puis femme du général Leclerc et enfin épouse du prince Borghèse ; d'Elisa Bonaparte, duchesse de Lucques et de Piombino , et ensuite grande duchesse de Toscane et épouse du prince Bacchiochi ; de Caroline Bonaparte , femme de Joa-

*Mes enfans vous ayant promis plusieurs fois
l'histoire de mes amours, je vais aujourd'h[ui]
acquitter ma promesse.*

chim Murat : Madame Lætitia , ou
la mère La Joie , comme on voudra ,
prit la parole , et s'exprima en ces
termes :

Vous ayant promis plusieurs fois
de vous raconter l'histoire de mes
amours , je vais aujourd'hui acquitter ma promesse :

J'ai vu le jour dans les montagnes
de la Suisse. Mon père, Nicolas Ramolini, qui était Italien d'origine ,
avait été forcé , par quelques petites
espiègleries , de quitter sa patrie , et
de se retirer dans un petit village
près de Zurich. Ce fut lui qui se
chargea de mon éducation (car
j'eus le malheur de perdre ma mère
à l'age de six ans), et qui m'apprit à
lire , à écrire , et à calculer. Mon
père était un savant arithméticien ;
il connaissait à fond les quatre premières règles, et surtout la soustrac-
tion ; Barême était, pour ainsi dire,
un bréviaire pour lui , et il ne pas-

sait guères de jour sans le feuilleter au moins une heure.

Comme toutes les religions étaient à-peu-près indifférentes à M. de Ramolini, on doit présumer facilement qu'il ne s'inquiéta pas beaucoup de celle que j'adopterais. J'embrassai le protestantisme, sans trop savoir pourquoi et comment?

Je touchais à peine à ma quatorzième année, lorsque je commençai à sentir que la nature m'avait donné un cœur. Un jeune Suisse, notre voisin, avec lequel j'étais assez familière, un jour que mon père était absent, me fit entendre qu'il avait beaucoup d'amour pour moi, qu'il serait le plus heureux des hommes, si je partageais sa flamme; qu'il n'avait pas encore vu personne qui réunît comme moi les grâces et la beauté. Le ton animé avec lequel il parlait, le langage de ses yeux, ses expressions brûlantes portèrent le désordre dans mes sens; je balbutiai quelques mots sans suite ; s'appercevant de ma vive émotion, il me prit entre ses bras et me serra vivement contre son cœur ; un baiser de feu qu'il appliqua sur mes lèvres, me fit perdre connaissance. Bientôt rappelé à de nouveaux plaisirs par l'ardeur et la vivacité de ses caresses, j'éprouvai alors tout ce que l'amour a de jouissances, et la volupté de délices.

En sortant des bras de mon amant, je me trouvai dans une situation qu'il est impossible de peindre ; mes idées avaient pris une direction nouvelle, et mes sentimens une étendue que je n'avais pas encore soupçonnée.

Fabian (c'est le nom du jeune Suisse) voulait me donner encore des preuves de son amour, lorsque j'entendis de loin mon père qui parlait assez vivement avec un de ses amis. Mon amant affecta alors un air sérieux, j'imitai son exemple.

Mon père, qui n'avait pas des yeux de lynx, ne se douta de rien; Fabian se retira quelques instans après.

Je ne détaillerai point les rendez-vous que nous nous donnâmes depuis, rendez-vous qui furent tous marqués par les plaisirs les plus vifs et les jouissances les plus délicieuses.

Sans prévoir l'avenir, j'avais lieu de trouver mon sort heureux; mais, hélas! dans ce bas monde il n'est point de bonheur parfait, et presque toujours la coupe de la volupté s'éloigne de nos lèvres au moment de la toucher.

Mon père, depuis quelque temps, avait pris la résolution de quitter la la Suisse pour passer en Italie, où il espérait trouver des ressources pour vivre; qui n'existaient point dans le pays que nous habitions. Il me fit part de ses desseins, que j'aurais approuvés dans toute autre circonstance; mais l'idée cruelle de m'éloigner de mon cher Fabian, me suggéra quelques objections qui ne firent point changer la détermination de mon père.

Fabian ne tarda pas d'être instruit de notre prochain départ. Dans une entrevue que j'eus avec lui, il m'exprima ses regrets avec une émotion si touchante, que j'en versai des larmes; il voulait me demander en mariage à mon père, je m'y opposai, en lui exposant que j'étais trop jeune pour être à la tête d'un ménage, que mon premier devoir était d'obéir à mon père, et qu'il était à présumer que notre voyage ne serait pas de longue durée; que personne autre que lui ne serait mon époux. Nous nous jurâmes de nous aimer toute la vie; plusieurs baisers sanctionnèrent nos sermens.

Mais autant en emporte le vent. Quelques jours après cet entretien, nous quittâmes la Suisse, et nous nous rendîmes à Livourne où j'oubliai bientôt Fabian et mes sermens.

Mon père, qui était une espèce d'aventurier, trouva dans cette ville quelques-uns de ses amis de plaisir, qui, peu favorisés des dons de la fortune, mettaient en jeu leur industrie et cherchaient à faire des dupes. On renouvella connaissance. Mon père s'associa avec eux, et nous vécûmes assez bien.

Ce fut dans cette ville que je rencontrai Carlo Bonaparte ; j'avais alors près de dix-sept ans. Ma figure assez régulière, de beaux yeux et surtout la fraîcheur de mon teint, amenèrent à la maison une foule d'adorateurs, parmi lesquels je le distinguai. Nous voir, nous aimer, nous le dire, tout cela se fit en un instant. Il proposa de m'épouser ; mon père y consentit, et me voilà l'épouse de Carlo.

Les premiers mois de notre mariage furent semés de roses, et je n'avais qu'à me louer des procédés de votre père, lorsque ce dernier amena un jour à la maison un nommé *Barbaro* : C'était le fils d'un négociant de Li-vourne. De grands yeux noirs, une belle figure, un teint animé, des dents blanches, une taille élevée et bien prise dans ses proportions, en voilà plus qu'il n'en faut pour séduire une jeune femme. Je devins amoureuse folle de Barbaro, qui de son côté ne fut pas insensible à la vue de mes charmes et de ma jeunesse. Comme il était riche, il ne tarda pas à me faire cadeau de quelques bijoux, que je n'osai refuser, de crainte de lui déplaire et de passer dans son esprit pour une bégueule.

Comme la reconnaissance est une vertu que je possédais autrefois, je ne voulus pas être taxée d'ingratitude, et je me livrai à ses desirs. Votre père ne tarda pas à s'appercevoir de mon refroidissement à son égard; il en chercha la cause, et la trouva facilement. Il me fit des reproches sanglans, qu'il accompagna de quelques soufflets, interdit sa porte à Barbaro, et résolut de sortir d'une ville qui avait été témoin de son déshonneur. La Corse, où il entretenait depuis quelque temps une correspondance avec un de ses parens, fut le lieu qu'il choisit pour sa résidence, et un beau matin, sans m'en prévenir, nous nous embarquâmes pour cette île. Comme nos bagages n'étaient pas considérables, nos paquets furent bientôt faits, et me voilà en pleine mer sans savoir où j'allais.

Arrivés à Ajaccio, nous descendîmes chez le parent de mon mari ; il nous reçut assez bien, et promit à Carlo de lui chercher une place. Au bout de quelques jours, il le fit entrer en qualité de commis chez le greffier du tribunal de cette ville.

Ayant quitté alors la maison de notre parent, nous louâmes deux petites chambres, que l'on meubla comme l'on put. Notre ménage était très-mesquin, la place de mon mari peu lucrative, et comme partout on attache la considération aux richesses, nous végétions dans une médiocrité, voisine de l'indigence.

Dans une si cruelle position, Carlo fit connaissance avec un des gens attachés à la maison de M. de Marbœuf, gouverneur de l'île, et lui fit entendre qu'il serait charmé que je lui fusse présentée.

Quelques jours après il me conduisit chez le gouverneur, qui m'accueillit avec beaucoup de grâces et de cordialité, et qui me fit promettre de venir dîner chez lui le lendemain avec mon époux.

Le dîner fut très-agréable; à la fin du repas on me pria de chanter. Le son de ma voix, et l'expression que je mis dans mon chant, charmèrent le gouverneur.

On se leva de table, un officier

de la maison de M. de Marbœuf, sous prétexte d'avoir quelque chose à communiquer à Carlo, l'emmena avec lui. Je restai seule avec le gouverneur qui m'invita de faire un tour de promenade dans le jardin. Je le suivis. Notre conversation roula d'abord sur des sujets assez indifférens : je profitai de ce moment pour lui parler de mon mari, et pour le conjurer de s'intéresser à lui, et de lui accorder sa protection. Carlo, ajoutai-je, a éprouvé des malheurs, et il ne peut attendre que de votre bienveillance un soulagement à sa pénible situation. — Désormais, soyez tranquille, me répondit-il, dans quelques jours d'ici, vous n'aurez tous deux qu'à vous louer de moi. Après un moment de silence il me dit : vous plaisez-vous dans cette île? quelles sont les personnes que vous voyez? — Le séjour m'en plairait assez, si je jouissais d'une certaine aisance...

Je n'ai encore fait aucune connaissance, et je m'en soucie peu.

Nous continuâmes de converser
ensemble, et je m'aperçus bientôt
que tout ce qu'il me disait, n'était pas
précisément ce qu'il voulait me dire,
mais au moins que c'en étaient les
préliminaires. —Jeune et jolie, comme vous êtes, reprit-il, vous ne
pouvez faire que les charmes et
l'agrément d'une société; quant à
moi j'aurai toujours beaucoup de
plaisir à vous voir, à vous entendre...
Après avoir débité plusieurs autres
propos galans, il me déclara ouvertement sa passion : je rougis d'abord;
mais bientôt calculant les avantages
d'avoir pour amant et protecteur
le gouverneur de l'Ile, je lui donnai à connaître que je n'étais pas
insensible à son amour.

Nos arrangemens furent bientôt
pris, et sans que mon mari s'en
aperçût ou voulût s'en apercevoir,
j'entretins avec lui un commerce de

2

galanterie qui scandalisa tous les habitans d'Ajaccio, excepté mon mari.

Par la protection de M. de Marbœuf, Carlo obtint une place d'officier dans un régiment de l'Ile.

Tout allait bien à la maison ; l'abondance y régnait, et même on y voyait un peu de luxe. La progéniture, sans appauvrir le ménage, vint l'augmenter ; M. de Marbœuf suppléa à tout, et il le devait en conscience ; car je ne vous dissimulerai pas que deux d'entre vous, Napoléon et Lucien, passez dans l'île pour être les fruits de mon commerce galant avec M. de Marbœuf.

Quoi qu'il en soit, il eût été à désirer que cet état de choses durât. Mais le ciel en avait ordonné autrement. M. de Marbœuf fut rappelé en France. L'éloignement de ce protecteur apporta un change-ment réel dans notre position. Votre père mourut quelque temps après, et je restai veuve avec huit enfans, et presque sans ressources.

Élise et Pauline, vous savez quelle était notre triste situation à cette époque, mais des bienfaiteurs un peu intéressés à la vérité, vinrent à notre secours, et exigèrent un prix que la vertu demande rarement au malheur.

Un officier irlandais que j'avais connu autrefois à Livourne, vint un jour à la maison : sa présence en me rappelant d'agréables souvenirs, fit sur moi une impression que je ne pus dissimuler. Je l'invitai à dîner, il accepta mon offre avec plaisir. Au dessert, lorsque vous fûtes tous retirés de table, il me fit les complimens qu'un homme galant fait pour l'ordinaire à une femme quelconque : il ajouta que je n'étais point changée, et qu'il serait charmé de renouveller avec moi ses anciennes liaisons. Je lui fis les objections

qu'une femme se permet en ce cas,
objections qu'il ne lui fut pas difficile de pulvériser : je lui fis part en
même temps que la perte de mon
mari et le départ de M. Marbœuf
m'avaient réduite à la plus grande
détresse : il comprit aisément ce que
je voulais lui dire, et tirant de sa
bourse six louis qu'il me glissa dans
la main, il ajouta : vous ne m'avez
pas encore montré votre apparte-
ment. Je me levai aussitôt, et il me
suivit.

Il est superflu, mes chers enfans,
de vous raconter ce qui se passa
entre nous ; tout ce que je puis vous
assurer, c'est qu'il parut satisfait, et
que moi je ne fus pas mécontente.

A cette époque, une de mes cousines nommée *Léonore*, arriva de
Bastia à la maison ; c'était une grande
brune, âgée à peu près de trente à
trente-cinq ans ; ses traits n'étaient
point encore altérés ; un nez à la
romaine, des lèvres vermeilles, des

yeux expressifs, un embonpoint ap-
pétissant, faisaient de cette femme
un morceau digne d'un roi.

Je fus enchantée de son arrivée,
et je me promis bien de tirer un
parti avantageux de son séjour à
Ajaccio.

« Comme dans ce moment, me
dit-elle, il y a quelques troubles
à Bastia, j'ai pris la résolution de
quitter cette ville, et de me retirer chez vous jusqu'à l'instant où
les mouvemens populaires seront
calmés. — Vous avez agi prudem-
ment, aimable cousine, et je m'ef-
forcerai de vous rendre ce sé-
jour-ci aussi agréable que celui de
Bastia ; la vie est courte et mo-
notone, il faut, pour ainsi dire,
l'agrandir par les amusemens, et
en rompre la monotonie par les
plaisirs. »

Je tenais alors un petit jeu où
plusieurs particuliers de la ville et
quelques officiers se rendaient tous

les soirs. Le produit du chandelier de la bouillotte, contribuait à alimenter la maison ; cinq ou six voisines contribuaient à y rassembler les étrangers, qui y venaient perdre leur argent et altérer leur santé.

La présence de ma cousine fut un nouvel aimant qui attira chez moi une foule d'oisifs qui se disputèrent sa conquête : mais Léonore avait des mœurs, et le défaut de tempérament lui tenait lieu de vertu. Les habitués furent trompés dans leurs espérances et leurs calculs ; cependant, elle finit par succomber, et un jeune homme taillé comme un Hercule, fut celui qui, à force de soins et d'importunités, dompta cette beauté rebelle.

Léonore s'aperçut bientôt qu'on ne jouait pas impunément avec l'amour, et des signes non équivoques de grossesse l'alarmèrent sensiblement. Comment retourner dans cet état à Bastia? que dire à un mari, dans la maison duquel on porte la honte et le déshonneur. Je tâchai de rassurer ma cousine et de la consoler : mais mes assurances et mes consolations ne pouvaient parer aux inconvéniens fâcheux qui devaient résulter de sa faiblesse ; d'un instant à l'autre son époux pouvait venir la chercher, et quelles excuses lui donner : j'étais moi-même désespérée d'un tel accident, et je ne savais quel parti prendre, lorsque des circonstances que je n'avais pas prévues me forcèrent de quitter l'île, où j'abandonnai ma cousine à son malheureux sort, et m'embarquai avec vous pour Marseille.

Arrivée dans cette ville, je me logeai près du port pour être plus à même de faire la connaissance utile de quelques armateurs ou négocians étrangers: je fus long-temps à attendre ; ma bourse s'épuisait sensiblement, et sans les bienfaits de mon ne-

veu Aréna (1), je ne sais trop ce que
je serais devenue ; mais comme on
dit ordinairement :

> Persévérance vient à bout,
> De quoi ? de tout.

Étant parvenue à établir un jeu
dans ma maison, je ne tardai pas à
y voir accourir tous ces marins oisifs qui attendent que leurs vais-
seaux soient radoubés, ou la faveur
des vents pour se remettre en mer.
Élise et Pauline étaient déjà grandes,
et leur jeunesse et leur fraîcheur ne
contribuèrent pas pour peu à attirer
les jeunes gens chez moi. La conduite que je menais, les scènes

_____

(1) C'est ce même Aréna, que son cousin
Napoléon eut dans la suite la barbarie d'impli-
quer dans une conspiration imaginaire, et de
faire assassiner, probablement par reconnaissance du soin qu'il avait eu de lui et de sa
famille. (*Note de l'Editeur.*)

scandaleuses qui se passaient dans ma maison furent prises en mauvaise part par la police, qui me signifia très-poliment de sortir de la ville (1).

Je me rendis aussitôt à Paris, où j'attendis les événemens. L'élévation de mon fils me tira d'embarras : j'allai bientôt le rejoindre avec mes filles : vous savez le reste, mes chers

---

(1) Dans le temps que Napoléon poursuivait sa carrière militaire en Italie, madame Lætitia alla le rejoindre avec ses filles. Elle passa par Marseille où elle s'arrêta quelques jours. Un soir qu'elle était au théâtre avec ses filles, elle fut reconnue par le même commissaire de police qui l'avait fait chasser de cette ville. Le commissaire, ignorant que cette femme fût la mère du vainqueur de l'Italie, alla dans la loge où elle était, et l'acosta comme les officiers de police ont coutume de le faire avec des femmes de cette espèce. Il lui ordonna de vider la loge ; elle ne se le fit pas répéter; les éclaircissemens eurent lieu dans le foyer.

Cette scène transpira bientôt : cet officier finit par perdre sa place.

enfans, et je ne vous fatiguerai pas des redites sans but comme sans motif.

Quand le diable devint vieux, il se fit ermite, j'ai suivi cet adage à la lettre. *Je me suis fait dévote,* car c'est toujours par-là que doit finir une femme galante, lorsque le temps a flétri ses charmes et éloigné les adorateurs. J'ai remplacé la ceinture des grâces par des scapulaires et des reliques. Mon fils Napoléon m'a mis en outre à la tête *des sœurs de la Charité,* qui font tout, ainsi que moi, pour l'amour de Dieu.

On me reproche d'être avare ; on a grand tort. J'amasse pour vous, mes enfans ; qui sait ce que Dieu nous réserve !

Madame Marie Lætitia ayant cessé de parler, ses fils et ses filles firent à voix basse quelques commentaires sur le récit que venait de faire leur mère.

Sur le point de se séparer, madame

Lætitia adressa la parole à son fils
Joseph (1), et lui dit : Demain au
soir, j'espère, mon cher Joseph,
que tu nous feras un récit de tes
aventures. En attendant, je vais me
coucher : je vous conseille d'en faire
autant; et elle se retira.

_____

(1) D'abord roi de Naples, ensuite roi
d'Espagne et des Grandes-Indes, puis rien.

~~~~~~~~~~~~~~~~~~~~~~~~~~~~~~~~~~~~~~~

DEUXIÈME SOIRÉE.

AMOURS DE JOSEPH BONAPARTE.

LE lendemain, à l'issue du dîner, la *sainte famille* passa dans un salon. On se rangea en cercle autour de Joseph, qui, après un petit exorde, commença ainsi le récit de ses aventures galantes et amoureuses :

J'avais environ dix-sept ans, lorsque ma mère prit à son service une jeune fille native d'un village près d'Ajaccio. Sans être belle, elle avait cette fraîcheur de la jeunesse qui appelle le désir et provoque les plaisirs. Comme ma mère ne surveillait pas beaucoup ses enfans (d'ailleurs elle n'en avait pas le temps); il ne me fut pas difficile de faire connaître à Hélène (c'est le nom de cette jeune fille) que je l'aimais.

La déclaration de mon amour ne la surprit point ; mais en personne bien apprise, elle feignit un courroux que je pris pour un effet naturel de sa pudeur : naturellement doux et paisible, je n'insistai pas davantage. Hélène se repentit de m'avoir brusqué, et chercha, en me rendant de petits soins, à me prouver que loin de me haïr, elle avait beaucoup d'amitié ou plutôt d'amour pour moi.

Cette découverte me détermina à lui faire une seconde déclaration d'amour. Celle-ci fut mieux reçue que la première, et quelques jours après j'obtins les faveurs que l'amour réserve à ses plus fidèles esclaves.

Hélène était fine et adroite : notre commerce galant durait depuis plusieurs mois, lorsque ma mère s'apperçut que je *forniquais* avec sa servante. Sans entrer dans aucunes explications, elle la mit à la porte. La pauvre fille s'en retourna dans

3

son village, et depuis je n'en ai plus entendu parler.

Quelques années après, ma mère ayant été obligée de quitter l'île de Corse, je la suivis, en 1793, à Marseille, où elle parvint à me faire entrer, en qualité de clerc, chez un procureur de cette ville.

Cet homme le plus grand forma- liste, et le plus intrépide paperasseur de son temps, me dit, en entrant chez lui : « Mon ami, dans notre état, la forme est tout et le fond rien, ce que vous apprendrez par la suite ; appliquez-vous surtout à écrire vîte, et à faire beaucoup de rôles : les rôles, ajouta-t-il, sont notre pain quotidien, et sans eux nous ne pourrions subsister honnê- tement ».

Comme mes camarades, je me mis donc à noircir du papier du matin au soir, sans trop m'embarrasser si je le noircissais dans les règles ou non.

La fille d'un marchand droguiste, nommée Marie Julie Clary, dont la maison touchait à celle de mon procureur, attira mes regards. Je cherchai les moyens de me faire introduire chez ses parens, mais je n'y pus réussir. Je crus devoir hasarder une lettre à cette demoiselle; elle lui fut remise, mais je n'en reçus point de réponse; j'en envoyai une seconde qui eut le même sort.

Désespéré du mauvais succès de mes premières tentatives, je renonçai à mes projets amoureux, et je continuai à griffonner paisiblement du papier timbré.

Mon frère Napoléon qui commençait sa carrière militaire avec le plus grand éclat, fit ouvrir les yeux au marchand droguiste; il me rencontra un jour à la promenade, et m'engagea à venir le voir.

Je n'hésitai pas à répondre à son invitation. Julie me reçut avec une espèce de satisfaction, et quelque temps après je lui fis une déclaration d'amour en bonne forme. Sans la rejetter tout-à-fait, elle me fit entendre assez adroitement que le mariage devait sanctionner une pareille déclaration ; ce n'était pas la mon but ; je dissimulai cependant, et sans dire ni oui ni non, comme un véritable Normand, je laissai Julie dans une perplexité qui n'est pas facile à décrire.

Je continuai à la voir, plutôt comme un ami de la maison que comme un amant ; Julie prit pour froideur ce qui n'était qu'une ruse d'amour, et renonçant à tout espoir d'être un jour mon épouse, elle m'accueillait avec honnêteté, mais sans empressement.

Sa conduite à mon égard apporta un changement dans la mienne, et mon amour s'accrut en raison de l'indifférence que je lui présumais avoir pour moi. Aimant Julie avec passion, et sentant que je ne pouvais vivre heureux sans elle, je me déterminai à la demander en mariage à son père. Je fus agréé, et bientôt l'hymen couronna un amour aussi pur que désintéressé.

Je vivais à Marseille dans une obscurité qui faisait un contraste singulier avec l'éclat et la célébrité de mon frère Napoléon.

En 1796, je fus nommé au conseil des cinq cents. Bientôt après le directoire me fit partir pour Rome en qualité d'Ambassadeur; pendant le court séjour (1) que j'y fis, j'y liai une intrigue amoureuse avec la signora Mandolini, dont la beauté éclatante faisait l'entretien de tous les étrangers nouvellement arrivés dans cette ville.

Désirant ardemment de voir ce

_____

(1) Joseph Bonaparte, qui n'est pas la valeur personnifiée, s'enfuit de cette ville, en apprenant l'assassinat d'un officier de sa suite, le général Duphot, par la populace romaine.

3..

chef-d'œuvre de la nature , j'envoyai
un de mes gens demander à la signora Mandolini la permission de
lui présenter mes hommages et le
tribut de mon admiration.

Comme il n'est guères possible
de refuser quelque chose à un ambassadeur, que l'on soupçonne toujours avoir beaucoup d'argent pour
ses dépenses secrettes , mon mes-
sage eut le succès que j'en attendais.
Je me rendis donc le soir chez la
signora Mandolini , qui m'accueillit
avec autant de grâces que de décence.

Après une conversation d'une
heure environ , je me retirai en sol-
licitant pour le lendemain la même
faveur qu'elle venait de m'accorder.

Rentré à l'hôtel de l'ambassade ,
après avoir fait mes dépêches , je
me couchai : l'image de la signora
Mandolini me suivit dans mon sommeil ; en m'éveillant je sonnai mon
homme de confiance , et le chargeai
d'une missive avec une bague en or

surmontée d'un diamant fin, pour cette dame. ma missive était conçue en ces termes :

« Je n'ai qu'à me louer, Ma-
« dame, de l'accueil dont vous avez
« daigné m'honorer hier au soir ;
« mais je vous avouerai en même
« temps qu'il m'en a coûté la liberté.
« Aujourd'hui c'est votre esclave
« qui vous écrit, et qui vous sup-
« plie d'avoir pitié de lui ».

Signé Joseph BONAPARTE.

Vous présumez facilement que j'attendis avec impatience la fin du jour pour me rendre chez la signora Mandolini. On me reçut comme un homme que l'on attendait ; des ra-fraîchissemens furent servis en abon-dance. Lorsque les domestiques fu-rent retirés, j'adressai quelques pro-pos galans à la Signora ; elle y répondit avec autant de grâces que d'esprit ; notre conversation s'échauf-fa, et j'ignore ce qu'il en serait ré-

sulté pour le moment si un importun
ne fût venu troubler ce charmant
tête à tête. J'en pris de l'humeur,
et sortis en donnant au diable la
Signora et ses rendez-vous. En rentrant chez moi, je fis quelques réflexions sur mon aventure, et je
soupçonnai, peut-être avec quelque
raison, que ma divinité n'était pas
tout-à-fait étrangère à l'espèce de mys-
tification que je venais d'éprouver.

Quoi qu'il en soit, je formai la
résolution de ne plus penser à la Signora, et de chercher ailleurs d'autres
objets de distraction.

L'homme propose et Dieu dispose,
dit un vieux proverbe. J'en connus
la vérité, le lendemain, à mon réveil. On m'apporta un billet de la
Mandolini, où, en s'excusant du
contre-temps de la veille, qu'elle
n'avait pu prévoir, elle me donnait
un rendez-vous pour le soir, qui,
ajoutait-elle, ne serait point troublé
par les importuns.

J'avais, pour ainsi dire, juré en moi-même que je ne reverrais plus la Signora ; mais, ô faiblesse humaine ! les heures s'écoulaient trop lentement au gré de mes desirs, le temps n'avait plus d'aîles, et le jour me parut d'une longueur assommante. La nuit vint enfin, et je volai chez ma sirène. Je la trouvai seule, tous les domestiques avaient été éloignés ; elle était vêtue en blanc, ses beaux cheveux relevés en tresse, étaient assujétis par un ruban rose ; on l'eut prise pour la mère des amours.

La signora n'eut pas de peine à me convaincre que le petit événement de la veille était dû à un malentendu de l'un de ses domestiques. Elle m'en fit ses excuses. La conversation s'engagea. Je parlai avec feu, le désir étincelait dans mes regards, je lui ravis un baiser, qui fut suivi de mille caresses. Une faible résistance m'annonça que l'heure du berger était sonnée ; elle se laissa tomber sur un canapé, et je fus heureux.

Je continuai de la voir tous les jours, jusqu'au moment où une émeute populaire m'obligea de sortir de Rome et de revenir en France.

A peine arrivé à Paris, je m'aperçus que la signora m'avait laissé un souvenir un peu cuisant des plaisirs que j'avois goûtés dans ses bras. Elle était à une trop grande distance de moi pour que je pusse lui en faire de sanglans reproches. Je dévorai mon mal en silence, et je fis appeler Laffecteur, qui me fit avaler son spécifique, pour m'ôter le souvenir de la Mandolini (1).

----

(1) Le plus déterminé des *guérisseurs* de maladies honteuses qui soient dans Paris. Ses affiches embellissent les coins de toutes les rues, les marchés et les places publiques. Il a trouvé dans son spécifique la pierre philosophale.

Rentré au Conseil des anciens, dont j'étais membre, je continuai à y rester passif jusqu'au moment où il prit envie à mon frère Napoléon de se faire premier consul et ensuite empereur. Ce fut alors que je devins successivement conseiller d'état, sénateur et grand électeur de l'Empire.

Ce fut à peu près à cette époque que j'achetai la terre de Morfontaine, où je conduisis ma chère épouse.

J'ai toujours aimé la vie retirée et tranquille; tous les momens que je pouvais dérober à l'importunité des grandeurs, je les passais dans ce superbe château, loin des agitations et du tumulte d'une cour orageuse.

A Morfontaine il venait de temps à autre un essaim de beautés parisiennes, qui ne passaient pas pour des *dragons de vertu.* Comme un sultan au milieu de son sérail, je n'avais qu'à faire un signe, et l'Odalisque se précipitait dans mes bras.

Un jour, ce jour ne sortira jamais de ma mémoire, une dame et sa fille vinrent me visiter. Je convoitai aussitôt la jeune nymphe, et je me promis de lui ravir sa fleur d'innocence, si toutefois un autre plus heureux ne m'avait pas précédé dans la conquête de ce trésor. Aglaé, c'était le nom de celle qui venait de subjuguer tous mes sens, quoique extrêmement jolie, possédait encore ces grâces enchanteresses plus belles encore que la beauté. Je désirais vivement avoir un entretien secret avec elle, cela n'était pas facile. La mère ne la perdait pas de vue. Le hasard cependant me servit plus que toutes mes combinaisons. Un soir, qu'après un splendide dîner, tous mes convives s'étaient dispersés dans le parc, le ciel se couvrit tout-à-coup de nuages; le tonnerre, les éclairs et la pluie qui tombait comme

un torrent, obligèrent tous les pro-
meneurs à chercher un abri contre l'orage. Ceux qui, trop éloignés,
ne purent regagner le château, s'a-
britèrent sous des arbres, ou dans
quelques petites chaumières éparses
çà et là dans le parc. Aglaé, qui,
dans ce moment de trouble, sans
trop savoir comment, s'était séparée
de sa mère, vint y chercher un
asile. J'y entrai au même instant
qu'elle, et après avoir cherché à
dissiper sa frayeur, j'entamai une
espèce de conversation amoureuse.
Le temps pressait, car le ciel commençait à s'éclaircir ; je la suppliai
à genoux de m'accorder ce que
l'amour ne refuse jamais à ceux qui
encensent ses autels. Elle me repoussa avec dédain, en me disant :

Je ne croyois pas, qu'un person-
nage tel que vous, s'avilît jusqu'à
vouloir faire violence à une personne jeune et sans expérience. Est-
ce ainsi que vous observez les droits

sacrés de l'hospitalité? ne devriez-vous pas rougir de honte de la conduite scandaleuse que vous tenez en ce moment? retirez-vous, Monsieur, si vous ne voulez pas que j'appelle à grands cris du secours? retirez-vous. »

J'étois resté immobile de surprise et d'étonnement; elle profita du moment, et s'enfuit à grands pas vers le château, où elle rejoignit sa mère.

Pour éviter la vue de la mère et de la fille, et me soustraire à des explications toujours désagréables en pareille circonstance; en rentrant au château, je fis mettre les chevaux à la voiture pour me rendre à Paris, où je dis à mon épouse que des affaires importantes m'appelaient pour l'instant. J'y restai trois jours, au bout desquels je retournai à Morfontaine, d'où Aglaé et sa mère étaient parties le lendemain de l'orage.

Cette petite aventure blessa vivement mon amour-propre, et je pris la résolution, de ce moment, d'apporter plus de prudence et de discrétion dans mes entreprises amoureuses.

Comme, à la cour, tout finit par se savoir, je découvris bientôt par les discours équivoques de quelques courtisans que mon équipée y était connue : j'affectai de n'y faire aucune attention ; mais on voulut absolument me convaincre que c'était inutile de faire l'ignorant ; et l'on fit circuler le quatrain suivant, qui n'est pas un chef-d'œuvre dans son genre.

Joseph voulait ravir le cœur
D'une nymphe peu fortunée ;
Mais, hélas ! pour un électeur,
Il a mal choisi la journée.

Pour ne plus désormais m'exposer à des refus, je me promis de ne m'adresser qu'à des *grisettes* ; avec un peu d'or, on ne soupire pas long-temps, et le triomphe suit toujours l'attaque.

Dans cet intervalle de temps, mon frère Napoléon jugea à propos de me faire Roi de Naples. Je n'ambitionnais pas une couronne ; mais je fus forcé de la recevoir ; je n'avais pas appris à gouverner, mais on me prouva qu'il n'y avait rien de plus facile, et qu'avec de bons ministres, la machine du gouvernement roulait d'elle-même. D'après un raisonnement aussi spécieux, ne pouvant refuser, je partis pour prendre possession de mon royaume, où je ne trouvai pas les esprits aussi bien disposés en ma faveur, qu'on me l'avait fait entrevoir.

Comme je suis naturellement indolent, j'abandonnai les rênes du gouvernement à ceux qui voulurent s'en saisir ; mon unique soin alors fut de m'occuper des plaisirs, sans trop m'embarrasser des plaintes ou des applaudissemens du peuple.

Un roi trouve rarement des cruelles. Les Napolitaines me parurent charmantes ; mais comme je me ressentais encore des faveurs cuisantes de la signora Mandolini, je ne pus me livrer à toute l'effervescence de mon tempérament.

J'avais distingué parmi les dames de ma cour une jeune Sicilienne, dont le minois séduisant et les grâces enfantines eussent ébranlé la vertu de l'anachorète le plus austère de la Thébaïde. Julia (c'est son nom), fille unique d'un riche seigneur de Messine, était recherchée en mariage par un prince Napolitain ; il ne manquait que mon agrément pour que cet hymen fût conclu ; je le refusai, sous un prétexte aussi futile qu'insignifiant : les courtisans n'en furent point dupes. Cornaro, c'était le nom du prince, devint furieux. Dans sa jalousie, il forma le complot de m'assassiner : mes espions m'avertirent à tems de son dessein

criminel. Je le fis arrêter avec ses
complices ; mais je n'osai les mettre
en jugement.

Julia ne reparut plus à la cour ;
son absence irrita mes désirs ; j'appris bientôt par mes émissaires qu'elle
était avec ses parens dans une maison de campagne, près de Portici.
Je résolus de la faire enlever. Un
nommé Diavolo fut chargé de l'entreprise, qu'il exécuta avec autant
de témérité que d'adresse.

Julia me fut amenée plus morte
que vive. Je lui prodiguai des es-
sences et des eaux spiritueuses, qui
la firent revenir peu-à-peu de son
évanouissement. Quand elle eut entièrement repris ses sens, je m'ef-
forçai de la consoler, et de me jus-
tifier de la violence qu'on avait exer-
cée envers elle :

« Julia, lui dis-je, je dois vous
paraître coupable ; mais si je suis
criminel à vos yeux, vous ne devez
en accuser que l'amour. Je vous

aime à la fureur, et l'amour ne rai-
sonne point ; vous voir passer dans
les bras d'un autre, eût été pour
moi le dernier des malheurs, et je
ne me sentis pas le courage de faire
un tel sacrifice...... »

Je gardai le silence pendant quelques momens ; Julia ne répondit
que par ses larmes. Je crus devoir
alors frapper le grand coup, et j'a-
joutai avec l'accent de la passion :

« Belle Julia ! au nom de l'amour
le plus pur , daignez favoriser le
mortel que vos charmes vous ont
soumis impérieusement : ayez pitié
de l'esclave qui embrasse en ce moment vos pieds..... ; demandez-moi
tout ce qu'il vous plaira , je vous
l'accorderai sans hésiter , si votre
demande ne passe pas les bornes de
ma puissance...... »

En achevant ces mots , je pris une
de ses mains que je couvris de baisers ; elle voulut la retirer, je la
retins , alors elle me l'abandonna

entièrement. Devenu plus entreprenant, j'appliquai mes lèvres sur les siennes ; son émotion devint sensible ; alors ne gardant plus aucune mesure, j'écartai tous les obstacles qui s'opposaient à mon bonheur, et je parvins enfin à ravir la dernière faveur de l'amour.

Une maison de campagne près de Naples, que me céda pour le moment un de mes courtisans, fut le séjour que je choisis pour Julia, lui promettant de venir me distraire près d'elle des ennuis de la cour et des importunités de la grandeur.

Mon intention était de la faire épouser à un de mes favoris, lorsqu'un concours de circonstances que je ne pouvais prévoir, et la volonté de mon frère Napoléon, m'appelèrent au trône d'Espagne (1).

_____

(1) L'épouse de Joseph qui prévoyait que son mari ne garderait pas long-temps cette couronne, ne voulut jamais le suivre à Ma-

Je ne me suis jamais informé du sort de Julia, après mon départ.

Arrivé à Madrid, je ne trouvai pas les Espagnols bien disposés en ma faveur ; je régnais malgré moi, et comme je prévoyais que la durée de mon règne ne serait pas longue, je fis une moisson abondante d'or, d'argenterie et de bijoux, dont mes sujets m'enlevèrent une grande partie, lorsqu'ils prirent le parti de me chasser du trône.

Quelques aventures amoureuses, mais obscures, charmèrent mes loisirs en Espagne, mais elles sont si peu intéressantes que je vous en ferai grace,

En finissant, je crois devoir vous faire part d'un fait qui me concerne, et qui peut-être n'est jamais venu à

---

drid. Elle tint à Paris, au Luxembourg, une petite cour, sous le titre de reine d'Espagne.
(*Note de l'Editeur.*)

votre connaissance. Quoique j'aie deux bons yeux, je passais en Espagne pour être borgne, et malgré que je me montrasse souvent en public, pour détruire cette erreur, les Espagnols s'opiniâtraient contre l'évidence, à ne me supposer qu'un œil. Cette prévention (1) populaire subsiste encore dans ce royaume, de laquelle je n'irai pas certainement les désabuser.

Cette anecdote fit rire toute la famille napoléonienne, qui promit de se rassembler le lendemain à la même heure, pour écouter le récit des amours de Lucien.

_____

(1) En fait de préventions populaires, l'histoire tant ancienne que moderne en pourrait fournir un long chapitre ; mais nous laissons ce soin à M. Salgues, rédacteur du Journal de Paris, qui trouvera moyen de faire d'un chapitre deux gros vol. in-8°, et même trois, si le cas y échet.

TROISIÈME SOIRÉE.

AMOURS DE LUCIEN BONAPARTE.

LES auditeurs de la veille se rassemblèrent le lendemain à l'heure indiquée, à l'exception de Lucien, qui se fit un peu attendre. On allait se séparer, lorsqu'enfin il arriva. Après avoir essuyé quelques légers reproches de son retard, il commença ainsi le récit de ses aventures.

« Le bon exemple que me donnait ma mère à Ajaccio, développa dans mon cœur le germe des passions les plus vives et les plus fougueuses. Je n'avais encore que seize ans, lorsque je devins amoureux d'une jeune négresse qui servait un vieux célibataire demeurant dans une petite habitation à un mille de la ville. Depuis trois mois, je lui faisais ma cour, sans pour cela en être plus avancé : elle m'accueillait toujours avec plaisir, mais elle me refusait jusqu'aux plus légères faveurs de l'amour.

« Las de soupirer, sans recevoir le prix de ma tendresse, je formai le projet d'obtenir par ruse ce qu'on s'opiniâtrait à me dérober par l'effet d'une pudeur mal-entendue.

« Un jour j'allai la trouver, affectant la plus grande tristesse. » Palma, (c'était le nom de cette négresse), lui dis-je, vous savez combien je vous aime, vous n'ignorez pas non plus que vous payez d'ingratitude l'amour le plus pur et le plus désintéressé ; ne conservant plus aucun espoir de vous posséder, j'ai pris le parti, du consentement de ma mère, de passer en France, où l'un de mes oncles se propose de me procurer un emploi. Je viens vous faire mes adieux, Palma ; dans quatre jours Lucien n'existera plus pour vous.

Hélas! si vous ne m'aviez point rebuté, si vous aviez répondu à ma vive tendresse, je n'eusse jamais songé à sortir de l'île. »

En achevant ces mots, quelques larmes s'échappèrent de mes yeux ; puis j'ajoutai : « Palma, permettez que je vous fasse mes adieux, et qu'un baiser, . .

— « Non, Lucien, non, tu ne partiras point ; me répondit la jeune négresse ; voudrais-tu porter le désespoir dans mon ame ? tu ne m'aimes donc plus ?

— « En peux-tu douter un seul instant ? ne t'en ai-je pas donné des témoignages ?...

— « Eh bien ! Lucien, reste ici, n'abandonne pas ta Palma. Demain, viens me revoir à la même heure, et tu seras content.

Je ne manquai pas, le lendemain, de me trouver au rendez-vous. Ma charmante négresse m'attendait. En arrivant elle me sauta au col, et me

5

fit mille caresses que je lui rendis avec usure. « Tu n'iras pas en France. — Non, lui dis-je. — Tu me le promets ? — J'en jure par notre amour et par tout ce qu'il y a de plus sacré au monde ! — Eh bien, sois heureux, ajouta-t-elle ; je m'abandonne à toi. »

Je ne vous décrirai point les plaisirs que j'ai goûtés avec Palma pendant six mois ; mais la jouissance éteint le désir, et je la quittai pour voler à de nouvelles conquêtes. Une jeune Américaine qui se trouvait à cette époque à Ajaccio, m'inspira une vive passion. Comme elle était d'un tempérament très-ardent, l'attente ne fut pas longue, et je m'enivrai de volupté dans ses bras. Son expérience en amour me convainquit facilement que je n'étois pas le premier à qui elle avait accordé ses faveurs. Nous nous brouillâmes pour une bagatelle ; elle me donna mon congé, je l'acceptai sans regrets ; quelque temps après elle s'embarqua pour Philadelphie, où elle a épousé un riche négociant qu'elle a eu la bonté d'enrôler dans la grande confrairie.

J'entrais dans ma dix-neuvième année, lorsque ma mère quitta l'île, et nous emmena avec elle à Marseille. Comme nos ressources pécuniaires étaient très-bornées, pour n'être pas à charge à la maison, je me fis *garçon gâcheur* dans une des écoles primaires de cette ville. Cette place n'était pas lucrative, et j'aimais beaucoup à dépenser. Le hasard me procura la connaissance de la fille d'un cabaretier : cette donzelle voulut me faire filer l'amour parfait; je n'étais pas habile dans cette partie, et pour trancher toute difficulté, je crus qu'il était de mon intérêt de l'épouser; en conséquence je la demandai en mariage, on me l'accorda, et l'hymen couronna l'amour.

Cette union ne fut pas heureuse. La zizanie régna bientôt dans le ménage ; madame Lucien fit un amant ; quoique je visse d'autres femmes, je m'avisai d'être jaloux ; des reproches nous en vînmes aux coups, et dans cette lutte je ne fus pas souvent victorieux.

Il n'y avait que dix mois que nous étions mariés, et nous nous haïssions aussi cordialement que des époux de quarante ans. Heureusement ma femme mourut en couches (1), et prévint une séparation qui était presque infaillible.

A la nomination de mon frère Napoléon, au commandement en chef de l'armée d'Italie, j'obtins une place de *commissaire des guerres*, dans laquelle je fis une fortune considérable. Pour avoir de l'argent, tous les moyens m'étaient bons ; je

_____

(1) Des malveillans ont prétendu que Lucien, pour se défaire de cette mégère, lui avait administré un bouillon à l'*italienne*. On ne doit jamais hasarder une pareille inculpation, sans la prouver.

devins le concussionnaire le plus déterminé qui fut jamais.

Pendant que j'étais à Gênes, je liai connaissance avec une jeune veuve, nommée Sara Pulcini. Je lui faisais depuis quelque temps ma cour ; elle voulait bien se marier avec moi ; mais je n'étais pas dans l'intention de *convoler* à de secondes noces ; je la priai, je la suppliai de se rendre à mes désirs ; vains efforts ! Sara m'opposa toujours la plus vive résistance. Elle me répétait toujours que je n'entrerais dans son lit qu'en passant par l'église, et comme je ne voulais pas prendre cette voie pour arriver au dénouement d'une aventure amoureuse, je cherchai un autre moyen plus court et plus prompt, propre à terminer cette espèce de comédie.

Avec de l'or on pénètre partout ; je corrompis la femme-de-chambre de Sara, qui promit de m'introduire la nuit dans la chambre à coucher de sa maîtresse. Ses autres domestiques, que j'avais mis aussi dans mes intérêts, devaient faire la sourde oreille aux cris qu'ils pourraient entendre.

Le jour pris pour l'exécution de mon entreprise amoureuse, je me rendis le soir chez Sara. La femme-de-chambre qui m'attendait, me fit cacher dans un cabinet qui touchait à la chambre à coucher de la veuve. Lorsqu'elle fut déshabillée, je m'élançai tout-à-coup vers elle; elle se mit à jeter les hauts cris; personne n'accourut.

Revenue d'un moment de surprise et de frayeur, elle essaya de me toucher par ses larmes, et d'arrêter la violence de mes désirs par tous les lieux communs qu'une femme met en usage dans une pareille circonstance. Je lui fermai la bouche avec mes baisers, et comme la nature reprend toujours ses droits, ma veuve s'attendrit insensiblement; je la jetai sur son lit, et en un clin-d'œil je fus près d'elle.

Vous devez présumer que je sus mettre à profit cette nuit, où je m'enivrai d'un torrent de délices. Le matin Sara voulut encore me faire des mercuriales, je les reçus en plaisantant. Nous déjeûnàmes ensemble, et je sortis.

Dans la journée, je reçus un billet de Sara qui m'invitait amoureusement à venir renouveler les exploits de la veille; au même instant je vis entrer sa femme-de-chambre, qui m'annonça que sa maîtresse, après l'avoir largement souffletée, l'avait mise à la porte. Je la consolai, en lui glissant dans la main un rouleau de vingt louis, et en lui promettant de lui chercher une nouvelle condition.

Le billet de Sara n'était qu'un piége qu'elle voulait me tendre; elle brûlait de se venger, et si j'eusse accepté son rendez-vous, c'en eût été peut-être fait de moi.

Comme à Gênes (1), ainsi que

____

(1) Ce fut dans cette ville que Lucien fit

dans toute l'Italie, une femme trompée a mille moyens de se défaire de
celui qui l'a outragée, je crus à
propos de quitter cette ville où mes
jours n'étaient pas en sûreté.

---

armer un corsaire, ou plutôt un *pirate* chargé
d'écumer la mer. Les déprédations commises
par ce bâtiment, excitèrent la bile des jour-
naux français. Il y eut surtout un cas qui fit
grand bruit à Paris ; un navire chargé pour
l'Italie, et venant de Maroc, fut rencontré et
pris par le corsaire de Lucien, qui le conduisit à Ajaccio, où il fut condamné. L'équipage, emprisonné d'abord, fut ensuite ren-
voyé de l'île sur un vaisseau ouvert ; mais
ayant eu le bonheur d'arriver à Marseille, le
capitaine trouva les moyens de venir à Paris,
où il rendit plainte contre le pirate.

La plainte portée devant la Cour des
Prises, le président jugea la capture du corsaire un vol si manifeste, qu'il crut devoir en
informer le directoire. Croirait-on que le
résultat d'un vol aussi prouvé, n'eût d'autre
effet que celui de faire arrêter le capitaine
turc, qu'on reconduisit à Marseille sous es-
corte. Cet infortuné fut trop heureux de pouvoir s'embarquer avec son équipage à bord
d'un vaisseau neutre qui faisait voile pour la
Sicile. (Voy. le *Moniteur* de l'an VII, n°. 336.)

Je revins à Paris, où bientôt je fus nommé membre du Conseil des Cinq cents. Ce fut moi qui, le 18 brumaire, eut tous les honneurs de la journée. En récompense, mon frère Napoléon me fit ministre de l'intérieur ; vous savez comment j'ai rempli cette place, et quelle fut ma conduite? Je volais à pleines mains, j'étais bénéficier de tous les marchés sous les noms de la *compagnie Petit*, etc. Mes intrigues et mes débauches ne connurent point de bornes. J'ai cru devoir faire cette digression pour ceux qui voudront écrire un jour mon histoire. Mais revenons à mes amours, ou plutôt à mon libertinage crapuleux, qui fut un scandale pour toutes les ames honnêtes.

Une jeune femme sollicitait pour son mari un emploi dans mes bureaux ; je lui promis que j'aurais égard à sa demande, mais qu'il fallait attendre encore quelque temps.

Cette solliciteuse prit ma réponse pour ce qu'elle valait, c'est-à-dire, qu'elle la regarda comme toutes celles que fait un ministre qui ne veut rien accorder.

Cette dame, assez attrayante par elle-même, s'exprimait avec grâce et élégance ; elle revint plusieurs fois à la charge : impatientée de ses importunités, et croyant l'éconduire pour toujours, je lui dis nettement que la place de son époux tenait à une faveur de l'amour. — Que ne parliez-vous, répondit-elle ? il y aurait long-temps que nous serions satisfaits l'un et l'autre ? — La réponse de cette dame me causa une surprise extrême ; elle ajouta : en cas pareil, *c'est donnant donnant.* Je n'étais pas accoutumé à entendre un pareil langage, et je rougis pour la première fois de ma vie. — Mais, vous gardez le silence ! poursuivit-elle, seriez-vous étonné, par hasard, de l'effronterie de mes discours? Ne les avez-vous pas provoqués?.....

Je ne savais trop quoi répliquer; cependant, après un moment de réflexion, prenant mon parti en vrai sacripant, je lui dis : Demain la commission de votre mari sera prête, et vous pourrez venir la chercher, mais, *donnant donnant.*

Tout me portait à croire que je ne verrais plus cette femme ; je me trompai. Le lendemain, elle parut dans mes bureaux, et me fit demander un quart d'heure d'audience. On l'introduisit dans mon cabinet : « Eh bien! mon cher Lucien, me dit-elle, d'un air délibéré, où nos affaires en sont-elles? La commission est-elle expédiée? — Oui, Madame, et la voilà; mais *donnant donnant* ». Elle ne fit pas la bégueule, et remplit avec scrupule les clauses du marché.

Mais, au bout d'un mois, je m'aperçus que *donnant donnant,* elle

avait excédé les bornes de notre marché, en me gratifiant, en sus de
nos échanges mutuelles, d'un petit
échantillon de ce que les filles de
Paris accordent si libéralement à
ceux qui veulent acheter l'amour
tout fait.

Je voulais à l'instant retirer au
mari sa commission ; mais la crainte
de *donner* trop de publicité à mon
aventure, me retint, et je crus qu'il
serait beaucoup plus intéressant et
plus salutaire pour moi de recourir
à un médecin qu'à la vengeance.

Après avoir été blanchi, selon les
règles de mon Esculape, je me livrai de nouveau à tous les excès du
libertinage le plus effréné. Au milieu
des orgies les plus scandaleuses, on
me vit assouvir ma lubricité sur des
femmes et même sur des filles qui
n'étaient pas encore nubiles. J'osai
même violer, dans un de mes bureaux, une jeune personne de dix-
huit ans; ce lâche attentat qui fut

connu aussitôt, parce que plusieurs commis accoururent aux cris de la malheureuse victime, fit à Paris la plus grande sensation ; enfin mes amours avec ma sœur Caroline, femme de Joachim Murat, mon beau-frère, devinrent si *publiques* et si scandaleuses (1), qu'elles forcèrent mon frère Napoléon à me faire envoyer comme ambassadeur à Madrid.

Dans cette ville, il m'arriva une petite aventure qui ne fut pas tout à fait de mon goût, et dont je garderai, malgré moi, le souvenir toute ma vie.

Un des mes affidés vint un jour

---

(1) M. Joachim Murat, sur qui les brocards et les mauvaises plaisanteries pleuvaient de toutes parts, en sa qualité d'offensé, voulut tirer vengeance du séducteur, et proposa un cartel à Lucien. Mais l'affaire s'arrangea par l'entremise de Napoléon, à la satisfaction réciproque des deux champions qui n'avaient l'un et l'autre aucune envie de se battre, la chose n'en valant pas la peine.

6

m'annoncer qu'il avait découvert dans une rue voisine de celle de l'hôtel de l'ambassade, un ange de beauté, et il ajouta : « Son joli visage rond, ses beaux yeux noirs remplis d'esprit, ses grands sourcils, sa petite bouche qui ressemble à une cerise, son air d'innocence et de gaîté, rassemblent tous les soirs, sous ses fenêtres, une foule d'amoureux transis, qui, sur des guittares souvent discordantes, modulent, tant bien que mal, leurs peines, leurs langueurs et surtout leur désespoir ».

Ce récit enflamma mon imagination, et je résolus, à tel prix que ce fut, de cueillir cette rose d'amour. La chose, cependant, n'était pas facile ; mais avec de l'or, on vient à bout de tout.

. . . *Quid non mortalia pectora cogis*
Auri sacra fames ?

Un de mes courtiers d'amour parvint à avoir une entrevue avec la

duègne de PEDRILLA (cest le nom de
la belle espagnole), qui lui promit
de favoriser mon entreprise amoureuse, mais à la condition de lui
donner une somme de 4,000 fr. et
quelques bijoux. Mon affidé ac-
quiesça à tout ce qu'elle voulut. Il
ne s'agissait plus que de livrer la
victime. On convint que le dimanche suivant, au sortir des vêpres, la
duègne au lieu de retourner à la
maison avec Pédrilla, la conduirait,
sous un prétexte quelconque, dans
une maison isolée, où je devais me
trouver.

Tout s'exécuta au gré de mes sou-
haits. L'innocente Pédrilla, seule,
et sans défense, malgré ses cris et ses
larmes, fut obligée de céder à la
violence de mes désirs. Quand ma
brutalité fut assouvie, la duègne vint
la chercher pour la reconduire chez
son père, ou autre part, car je n'ai
plus eu de nouvelles ni de l'une, ni
de l'autre; tout ce que je sais, c'est

qu'en sortant de cette maison , quoiqu'escorté par quelques domestiques , je fus assailli par quatre ou
cinq spadassins. Malgré ma résistance et celle de mes gens , je reçus
une blessure au bras qui me retint
au lit pendant quinze jours.

Je ne cherchai point à éclaircir la
fin de cette aventure , de crainte que
sa publicité ne compromît ma personne et mon caractère d'ambassadeur.

Quelque temps après , je me rendis
à Badajos pour y traiter de la paix
avec le Portugal ; mais la condition
sine quâ non que j'y mis , fut qu'on
me donnerait une *douceur* de six
millions ; et comme le gouvernement
portugais n'avait pas d'argent , on
me paya en diamant bruts (1).

_____

(1) Lorsque Lucien fut de retour à Paris ,
il vendit ces diamans à un juif , nommé
Salomon , qui vint exprès de Londres pour
les lui acheter. (*Note de l'Editeur.*)

En arrivant d'Espagne , je fus nommé membre du Tribunat, où je prononçai d'assez beaux discours dont on ne se souvient plus aujourd'hui ; et ensuite membre, où je fis le rôle d'approbateur, comme mes illustres confrères, de toutes les extravagances de mon frère Napoléon.

Ce fut à-peu-près à cette époque, c'est-à-dire, quelque temps avant que mon frère se fit nommer empereur des Français, que je fis la connaissance de madame Jauberton , veuve d'un courtier, et femme d'une morale peu sévère. Jeune et jolie, elle sut me captiver si bien, que je ne pus obtenir la dernière faveur sans la formalité du contrat de mariage (1) ; je ne me repens point de

---

(1) Bonaparte, à la nouvelle du mariage de Lucien avec la veuve de ce courtier, dit à son frère : « Comment! vous savez ce qui se passe maintenant, et vous allez épouser une catin !—Eh bien! répondit froidement Lucien,

6.*

mon choix, c'est une femme comme il m'en fallait une. D'ailleurs elle est très-riche, et vous savez que je tiens beaucoup à l'argent. Madame Lucien n'est point de ces bégueules, qui ont toujours le mot de vertu à la bouche, et qui n'en sacrifient pas moins au vice : elle agit franchement, et comme elle sait que je ne suis pas très-susceptible sur l'honneur et les bienséances de la société, elle ne se fait aucun scrupule d'avoir des amans, et de les changer lorsqu'ils ne lui conviennent plus. Elle n'ignore pas non plus que, n'étant pas un fidèle observateur de la foi conjugale, je n'ai aucun droit de lui reprocher sa conduite un peu libre, et ses écarts quelquefois un peu scandaleux. Je lui passe la rhubarbe, elle me passe le séné.

---

elle est au moins *jeune* et *jolie*, Bonaparte sentit le sarcasme, et ce fut leur dernière entrevue.

Comme j'avais osé condamner le meurtre du duc d'Enghien et la conduite de mon frère envers le général Moreau, je reçus l'ordre de quitter la France avec toute ma famille. Je passai en Angleterre et de là à Rome, où le pape Pie VII qui fait des princes, aussi lestement que mon frère, ainsi que des ducs, des comtes, des barons et des chevaliers, me nomma prince de Canino. Aussi pour remercier notre S. Père le pape, je composai un poème épique en vingt-quatre chants et en stances, intitulé *Charlemagne*, vivement critiqué par les journalistes français, et qui méritait de l'être.

En Italie, je fus encore le héros de quelques aventures galantes dont je ne vous ferai point part, attendu qu'elles sont d'un si faible intérêt, qu'elles ne méritent pas la peine de vous être racontées.

Lucien termina ainsi sa narration. Tous les membres de la famille se levèrent en silence et sortirent du salon. Quant à Lucien, il monta aussitôt en voiture, et se rendit à un rendez-vous de grisettes sur les boulevards des petits spectacles.

QUATRIÈME SOIRÉE.

AMOURS D'ELISA BONAPARTE.

LA quatrième soirée ayant été consacrée à écouter le récit des aventures de la princesse Elisa, les auditeurs de la veille se rassemblèrent dans le salon. Lorsqu'après quelques pourparlers, chacun eut pris place, Elisa commença ainsi :

Madame Lætitia, notre auguste mère, vous a dit qu'elle avait monté à Ajaccio une maison de jeu et de plaisirs ; c'est moi qui en fus une des premières prêtresses ; mais avant d'entrer dans le détail des services que je rendis à ma mère, pour achalander sa maison, je dois vous faire part d'une petite aventure, qui fut mon début dans la carrière du libertinage.

J'avais près de quatorze ans, lorsque me promenant un jour sur les
bords de la mer, je vis accourir à
ma rencontre un jeune officier de
marine qui, sans aucune formalité,
m'aborda et me dit : » Charmante
Elisa, j'ai l'honneur de vous connaître ; dans mon premier voyage à
Ajaccio, ayant eu l'occasion de vous
voir plusieurs fois passer devant mon
auberge, et je sentis pour vous
une vive passion. Je me proposais
alors de vous faire l'aveu de ma tendresse et de mes sentimens, lorsque
je fus obligé de me remettre en mer.
Votre image me poursuivit partout,
et je me promis bien, si les circonstances me ramenaient dans l'île, de
vous faire la déclaration de mon
amour, et de vous supplier d'avoir
pitié d'un amant qui ne veut vivre et
mourir que pour vous. »

Ce langage, quoique nouveau
pour moi, ne m'effaroucha point.
J'étais flattée de l'empire de mes

charmes ; quoi qu'il en soit, en jeune fille bien apprise, je lui répondis : — « Monsieur, vous vous méprenez, sans doute ; et je vous invite à vous éloigner.

— « Non, ma chère Elisa, je ne vous quitterai point, que je n'aie entendu de votre bouche un mot de consolation, et que vous ne me haïssez point.

— « Sans vous haïr, Monsieur, vous pouvez m'être indifférent.

— « L'indifférence est pire que la haine : chargez-moi de cette dernière ; mais, je vous en conjure, faites-moi grace de l'autre.

— « Je n'aurais pas dû vous répondre ; permettez-moi de me retirer ; je ne puis vous entendre davantage.

— « Non, Mademoiselle ; je vous suivrai partout, partout je m'attacherai à vos pas ; je ne puis plus vivre sans vous.

« Vivre loin de ses amours,
N'est-ce pas mourir tous les jours ? »

Le feu de ses regards, les expres-
sions vives qui animaient son langage, commencèrent à ébranler la
résolution que j'avais prise de fuir ;
et par une espèce d'attrait, dont il
est facile de deviner la cause, je
restai, pour ainsi dire, attachée au
rivage : il poursuivit en ces termes :

— « Répondez-moi, belle Elisa ;
c'est à vous seule à guérir la blessure
que vous avez faite à mon cœur ?
Permettez-moi d'aspirer.... «

Je gardais le silence ; il reprit
ainsi :

— « Dites-moi un mot, un seul
mot, et je suis le plus heureux des
mortels.

— « Et quel mot, Monsieur ?

— « Que vous m'aimez.

— « Je ne vous hais point.

— « Ce n'est pas assez, charmante
Elisa ; l'amour veut de la récipro-
cité ; daignez, ah ! daignez m'annoncer que vous partagez une flamme
que vous avez fait naître, et que vous

accorderez à votre esclave le prix
réservé à l'amant le plus tendre, le
plus passionné.... »

Alonzo (c'est le nom du jeune
marin, était si vif, si pressant, son
langage était si touchant, ses manières si attrayantes, que je lui dis
enfin ce mot, qui devait faire son
bonheur.

La conversation s'engagea alors
vivement entre nous ; il me fit mille
protestations d'amour que je pris
pour autant de vérités, et nous nous
donnâmes ensuite un rendez-vous
pour le lendemain au même endroit.
Alonzo n'y manqua point ; il m'attendait depuis une heure. M'ayant
prise sous le bras, il me conduisit à
bord de son bâtiment, où il me donna
la première leçon d'amour.

Sur le point de me retirer, il me
prit la main, et me plaça dans un des
doigts la bague que vous voyez. Je
retournai, depuis, plusieurs fois, au

vaisseau, qui devint pour nous le boudoir de la volupté.

Cette vie me plaisait beaucoup, et je m'applaudissais chaque jour d'avoir fait la connaissance d'Alonzo, lorsqu'il reçut l'ordre de faire voile pour Gênes.

Ce contre-temps fâcheux porta la désespoir dans mon ame ; nos adieux furent mêlés des plus vives caresses ; mais enfin il fallut partir. Je crus que je serais inconsolable : mais, ici bas on se console de tout, et j'oubliai bientôt Alonzo absent, pour penser à d'autres qui étaient présens.

Comme le jeu attirait chez ma mère un grand nombre de jeunes gens, je ne tardai pas à lier connaissance avec un Turc qui était à Ajaccio depuis quinze jours. Quoiqu'il ne parlât point notre langue, il employa le langage des signes que je compris merveilleusement. Ce Musulman était grand et généreux dans ses procédés; des schals, des bagues, des diamans accompagnèrent ses premiers soupirs. Cette manière de faire l'amour me plaisait infiniment, et je me montrai envers lui d'une reconnaissance exemplaire.

Tout allait bien jusques-là; mais il n'y a si beaux jours qui ne soient quelques instans obscurcis par quelques nuages passagers. Mon Musulman qui était jaloux comme un véritable enfant de Mahomet, s'aperçut que la fidélité et la constance n'étaient pas en moi les premières vertus. Ayant eu l'impertinence de se scandaliser de l'accueil que je faisais à un jeune Corse, notre voisin, je l'éconduisis lestement de la maison.

Outre la bague qu'Alouzo m'avait donnée en partant, il m'avait laissé un souvenir un peu cuisant, dont je sentis les premières atteintes pendant mon intrigue avec le Turc. Je lui fis donc part sans malice d'une par-

tie du cadeau que m'avait fait Alonzo, et qu'il emporta à Constantinople.

Ma mère à qui je communiquai
ma position, ne s'effaroucha point
d'une petite maladie assez commune
parmi les prêtresses de Vénus. Le
chirurgien de la maison, au moyen
de quelques potions mercurielles,
me débarassa d'une incommodité,
qui n'était que le prélude d'autres
beaucoup plus graves, et à-peu-près
dans le même genre, qui devaient
par la suite flétrir mes appas, et
ruiner ma santé.

Quelque temps après ma guérison,
je suivis ma mère à Marseille, où
nous continuâmes à tenir une maison de jeu et de prostitution. Quoique je ne fusse pas la plus belle de
mes sœurs, j'avais le talent par ma
coquetterie et une amabilité séduisante, de fixer autour de moi la
foule des adorateurs. Comme une
parfaite syrène, j'enchaînai à mon
char des jeunes gens, des hommes

mûrs et des vieillards; tous cherchaient à me plaire, et à obtenir des
faveurs que je prodiguais aux uns par
pure galanterie, et aux autres pour
leur or; car, comme mon frère Lucien, j'aime beaucoup l'argent; il
est le nerf des affaires et des amours.

J'eus dans cette ville une aventure qui fit quelque bruit, et qui
nous attira du désagrément.

Un riche négociant de Marseille,
qui se prit de belle passion pour
moi, m'en fit la déclaration en termes aussi choisis qu'élégans; mais
ce qui lui donna plus de mérite à
mes yeux, c'est qu'il accompagna
cette déclaration d'un petit écrin
qu'il avait dérobé à sa femme. Je ne
le fis pas languir long-temps, et il
crut cueillir pour la première fois
une rose qui avait été déjà ravie
plusieurs fois par les amans qui
l'avaient précédé. Mais comme à une
rose il y a toujours des épines, il
recueillit de son commerce amou-

reux avec moi une petite galanterie dont il s'empressa de faire part à son épouse.

Celle-ci qui était parfaitement instruite de toutes les démarches de son mari, ne douta pas un seul instant d'où partait le cadeau qu'il lui avait fait, et elle me le fit sentir vivement un jour, en m'appliquant dans la rue une violente paire de soufflets, et en vomissant contre moi mille injures qui firent attrouper toute la populace autour de nous. Je m'esquivai comme je pus du tumulte, et je gagnai à la hâte la maison.

Cette mégère en cornettes ne s'en tint pas là : elle courut chez ma mère qu'elle traita devant le public comme une m... Ma mère qui, de son naturel, n'est pas endurante, la gratifia de quelques coups de pied au cul. Cette scène comique pour les spectateurs, allait prendre un caractère plus grave, lorsque heureusement le commissaire de police

du quartier vint interposer son autorité entre les battans et les battus.

Cette rixe scandaleuse amusa beaucoup la ville et la campagne : nous
ne pouvions plus sortir de la maison sans être montrées au doigt ou
huées ; ce qui détermina ma mère à
quitter cette ville , où nous étions
tombées dans le dernier avilisse-
ment.

Comme Paris est l'égoût de tout
ce qu'il y a de sale et d'impudique
dans la province, nous nous acheminâmes ma mère et mes sœurs vers
cette capitale de la France , où mon
frère Napoléon qui commençait à
se signaler dans la carrière militaire,
nous procura des secours.

Lorsqu'il fut parvenu au consulat, nous commençâmes à nager
dans l'opulence ; il me fit duchesse
de Lucques et de Piombino, ensuite
grande duchesse de Toscane ou de
Florence, me maria au prince Bac-

chiochi, Corse d'origine (1), en
1797.

A l'instar des nouveaux parvenus,
sortis du limon et de la fange de la
révolution, je devins d'une impertinence et d'une insolence insupporta-
bles (2), et je me livrai de nouveau

---

(1) Ce prince Bacchiochi a été long-temps
tailleur de trente-un dans les maisons de
jeu ; son père était marqueur de billard. Il
fit à Nice connaissance avec Lucien Bonaparte qui était alors commissaire des guerres.
Bacchiochi, qui servait en qualité de subal-
terne dans l'armée française, devint bientôt
le *pourvoyeur* de Lucien. Leur liaison ne
tarda pas à être très-intime ; et ils se mirent
à *voler* en commun, et autant qu'ils purent
l'armée française qui bordait la Savoie.

Ce prince ne parvint jamais à un plus haut
grade que celui d'adjudant-général. Il n'a pas
été créé duc de Toscane, par la raison qu'il
n'était pas du *sang impérial*; mais il se con-
tenta du titre de gouverneur général du Grand-
Duché.

(2) Quand la *vertueuse* Elisa fut créée
princesse, elle nomma pour son premier
chambellan M. d'Aligre, fils de l'ancien premier président du parlement de Paris, riche
par lui-même de près de 600,000 fr. de rente

à toute l'effervescence de mes passions crapuleuses.

Parmi les soupirans que je daignai
admettre à mes orgies secrètes, on
distingua *Hengerlo*, fournisseur,
autrefois très riche, et que mon
frère Nopoléon a ruiné depuis entièrement pour l'exemple et l'édifi-
cation des autres fournisseurs et
vivriers ses confrères.

Quand nous disons qu'elle le nomma, nous
voulons dire que Bonaparte ordonna à M.
d'Aligre, d'accepter cet emploi avec un sa-
laire d'environ 16,000 fr. par an.

Un jour qu'il y avait assemblée chez la
Princesse, elle dit à M. d'Aligre qui avait osé
se mêler de la conversation : « Monsieur,
votre place est à la porte ! ! ! »

Peu de temps après, comme elle se dis-
posait à se rendre à un bal, elle dit à
M. d'Aligre de mettre quelques paires de
souliers dans sa poche, et de les lui apporter, afin qu'elle pût en changer, et M. d'A-
ligre fut contraint d'obéir. M. d'Aligre
ayant refusé l'alliance de sa fille avec Cau-
lincourt, ordonnée par Bonaparte, fut ren-
voyé.

Hengerlo avait eu toujours le talent de me plaire, et il eut toujours la préférence sur tous mes autres amans. Le nombre en est presqu'incalculable.

Mais j'ai oublié de vous parler de mes amours, lorsque j'étais grande duchesse de Toscane ; ce chapitre n'est pas moins intéressant que les autres, et je me reprocherais de le passer sous silence.

Lorsque j'arrivai à Florence, mon premier soin fut, après avoir monté ma maison, de m'informer des familles les plus puissantes et les plus riches de cette ville, pour les attirer dans mon palais. Comme je voulais singer la cour des Tuileries, je mis tout en œuvre pour rendre la mienne ausssi somptueuse que brillante.

Parmi les nouveaux courtisans qui venaient chaque matin assister à mon lever, je remarquai un jeune Florentin d'une figure superbe ; un grand œil noir et un nez aquilin annoncaient qu'il pouvait être un descendant d'Hercule. Je lui fis savoir un jour par une de mes dames d'honneur que le lendemain j'avais à l'entretenir un instant en particulier, et à lui communiquer qeelque chose d'important pour lui-même ; j'indiquai en même temps l'heure et le lieu du rendez-vous.

Lœlio (c'est le nom du Florentin), s'empressa d'obéir aux ordres de sa souveraine. Je l'attendais dans un boudoir charmant, ma toilette était recherchée, malgré qu'elle eût quelque chose de négligé.

En entrant Lœlio me salua avec respect. Monsieur, lui dis-je, je vous ai mandé pour un objet qui peut vous intéresser : je désire vous attacher à ma personne, mais à une condition que vous me serez fidèle et constant.. Je vous fais mon premier chambellan ; et je vous regarde dès ce moment comme mon favori.

Lœlio, qui n'était pas un sot, devina aisément où ce discours tendait, et se jetant à mes genoux , il me fit mille protestations de son dévouement le plus sincère ; il n'osa articuler le mot d'amour : — Ajoutez donc et de votre tendresse. Il me prit alors les mains , qu'il couvrit de ses baisers ; je lui passai les miennes autour du cou ; alors s'engagea entre nous , une lutte amoureuse, dans laquelle on n'entendit plus que le bruit de nos soupirs , et les doux murmures du plaisir.

Je puis vous assurer qu'il se comporta en véritable héros de Cythère , et que je n'eus qu'à m'applaudir du choix que j'avois fait. Mais cela dura peu.

Lœlio , parvenu à la plus haute faveur à ma cour, commença bientôt à devenir insolent. Naturellement présomptueux, il prit un ton qui me déplut , et comme j'étois lasse de lui, je lui donnai , sans formalité , son congé. Lœlio voulut se plaindre , crier ; je lui imposai silence , et nos liaisons furent rompues.

Ce favori, désespéré de ce contre-temps fàcheux, mais surtout de la perte de sa faveur, chercha à se venger ; je ne lui en lassai pas le temps. Je le fis embarquer, malgré lui, sur un bâtiment hollandais qui devait se rendre à Batavia , où j'ai appris depuis qu'il était mort

Je lui donnai un successeur , qui fut suivi de plusieurs autres. Je suçais l'orange , et je jetais ensuite l'écorce.

Mais je m'apperçois que vous bâillez ; ainsi je crois devoir terminer un récit qui n'a plus aucun intérêt. Demain ma sœur Pauline, vous dédommagera de l'ennui que je vous ai causé aujourd'hui.

Elisa se leva , et après avoir embrassé sa mère , ses frères et ses sœurs , monta en voiture et regagna son hôtel où de nouveaux plaisirs l'attendaient, car jamais elle ne passa un seul jour sans sacrifier à l'amour.

———————

~~~~~~~~~~~~~~~~~~~~~~~~~~~~~~~~~~~

CINQUIÈME SOIRÉE.

AMOURS DE LA PRINCESSE PAULINE.

On se rassembla comme de coutume, et après les complimens d'usage, Pauline Bonaparte s'exprima en ces termes :

C'est à Ajaccio, sous les auspices de ma mère, que j'ai fait mes premières armes à Cythère : née avec des passions vives et un tempérament ardent, je m'abandonnai à la débauche la plus crapuleuse et aux excès les plus honteux. J'avais à peine quatorze ans, lorsque je reçus d'un capitaine de vaisseau américain les premières leçons d'amour et de libertinage. Ce commerce galant fut de peu de durée, mon capitaine ayant été obligé de retourner dans sa patrie, où il fut nommé depuis membre du congrès.

Je lui donnai bientôt un successeur. C'était un jeune Espagnol fort riche, qui m'avait déjà régalée de plusieurs romances d'une langueur assommante et de quelque sérénades, dans lesquelles il faisait sa partie avec son *inévitable* guittare. Si je n'avais abrégé tous les préambules et les formalités, cet amant langoureux serait encore à exprimer ses souffrances, ses tourmens et son cruel martyre.

Cet Espagnol était d'une générosité sans exemple ; chaque jour un nouveau cadeau signalait sa tendresse ; il donnait avec grandeur, je recevais avec complaisance ; mais sa bourse s'épuisa, et son amour commença alors à me devenir à charge, et sans trop m'embarrasser de ses plaintes amoureuses, et de ses reproches, je liai connaissance avec un jeune Corse qui venait depuis quelque temps à la maison.

Mon Espagnol, jaloux comme le sont tous ceux de sa nation, voulant venger son amour outragé, chercha querelle à mon nouvel amant, et lui proposa un cartel. Les femmes sont enchantées, lorsque deux hommes se battent pour la possession de leurs charmes ; et j'avouerai que ma vanité fut flattée d'être, comme une nouvelle Hélène, le sujet d'un combat :

Deux coqs vivaient en paix ; une poule survint,
  Et voilà la guerre allumée :
Amour, tu perdis Troie, etc.

Nos deux champions se portèrent hardiment sur le pré, et après s'être fait quelques égratignures, ils s'embrassèrent cordialement. L'Espagnol quitta l'île quelque temps après, et retourna dans sa patrie soupirer de nouvelles amours, et donner des sérénades aux beautés de Tolède.

8..

Mon compatriote et mon amant
tout à-la-fois, Corelli, assuré alors
de sa conquête, commença à se ré-
froidir, Je lui en fis des reproches,
il ne s'en formalisa en aucune manière. Piquée au vif, je lui donnai
son congé, qu'il accepta sans mot
dire, et ne revint plus à la maison.
J'en eus quelque regret, mais je me
consolai bientôt de son absence dans
les bras d'un de mes cousins, qui me
faisait la cour depuis un mois.

Comme en amour le changement
me plaisait beaucoup, j'éconduisis
un beau matin le cousin, pour lier
une intrigue amoureuse avec un
jeune abbé d'une charmante figure.
Cette intrigue dura peu, ayant été
obligée de suivre ma mère à Marseille.

Nos débuts dans cette ville ne
furent pas heureux ; et vous savez
que sans la bienveillance et les secours de notre cousin Aréna, nous
serions tombés dans la plus grande

misère. Aréna étant parti pour l'armée, il fallut chercher des ressources dans notre industrie. Un jeu que
ma mère établit dans sa maison,
attira chez elle de la société, et je
ne tardai pas à renouer de nouvelles
intrigues.

Un avocat, qui avait plus d'éloquence au barreau que dans un boudoir, fut le premier qui sollicita
mes faveurs; je le fis languir quinze
jours et je l'éconduisis le seizième.
Cet avocat poëte fit des chansons
contre moi, je m'en moquai, et ne
songeai plus qu'à conquérir un nouvel amant.

Parmi les personnes qui venaient
assez régulièrement vuider leur bourse au jeu, se trouvait le fils d'un
riche bourgeois de la ville, dont la
figure et les grâces me charmèrent.
Je lui fis quelques agaceries; il eut
l'air de ne pas les appercevoir, et
feignit tous les symptômes d'une indifférence insurmontable. Sa cou-

duite me parut extraordinaire ; je ne savais à quoi attribuer sa froideur, qui ne me paraissait pas naturelle. En amour, comme à la guerre, ce sont les obstacles qui nous aiguillonnent, et qu'on cherche à vaincre. Mais j'étais encore trop jeune, et je n'avais pas encore assez d'expérience pour choisir un parti qui me conduisît au but de mes desirs. Je fis part de mon embarras et de mes anxiétés à ma sœur Elisa, qui me conseilla, en fille expérimentée, de changer de batterie, en affectant l'indifférence la plus glaciale, et de piquer sa jalousie, en feignant d'en aimer un autre.

Je suivis les conseils de ma sœur. Hypolite, (c'est le nom du jeune Marseillais) , en voyant mes prévenances pour un autre jeune homme de la société, en conçut de la jalousie ; je feignis de ne pas m'en appercevoir, et je continuai mon petit manège.

Mon stratagème fut couronné du succès, et la lettre suivante d'Hippolyte me causa la plus vive allégresse, et flatta tout à la fois mon amour et ma vanité.

« J'avais formé la résolution, ma-
» demoiselle, d'étouffer dans mon
» cœur la vive passion que vous y
» avez allumée, je voulais même vous
» en dérober la connaissance ; mais
» qui peut résister à l'amour, à cette
« flamme sacrée qui embrâse nos
» sens, et nous fait trouver la volupté
» au milieu des tourmens qu'elle fait
» naître? Qui peut vous voir sans
» vous aimer? qui peut vous voir sans
» vous adorer? Oui, charmante Pau-
» line, je ne puis désormais être heu-
» reux que par vous ; sans vous le
» monde deviendra pour moi une so-
» litude, où j'errerai sans cesse en
» vous cherchant, et où je calmerai
» la violence de mes tourmens, en
» pensant sans cesse à la beauté qui
» les a fait naître.

» Un mot, un seul mot de votre
» bouche, ramènera l'espoir dans
» un cœur que vous remplissez tout
» entier : que ce mot si doux : *je*
» *vous aime*, sorte de vos lèvres
» de rose, et l'aurore du bonheur
» commmencera alors pour moi. «

HIPOLYTE.

P. S. Un mot de réponse, je vous
en conjure, si vous voulez que votre
esclave vive.

Je communiquai cette lettre à ma
sœur Elisa, qui, après quelques réflexions, m'engagea à y faire une
réponse très courte, et qui, sans ôter
l'espoir à mon Hipolyte, le laissât
dans une incertitude qui redouble-
rait son amour, et assurerait d'a-
vantage ma conquête. Voici ce que
je lui écrivis :

« Votre lettre, monsieur, aurait
» pû flatter l'amour propre de toute
» autre personne de mon sexe ;
» quand à moi elle m'a offensée. Je

» voudrais croire à votre amour, mais
» je ne le saurais aujourd'hui. Je ne
» vous cache pas néanmoins que si
» quelqu'un pouvait m'inspirer un
» sentiment , ce serait celui en qui
» la vérité du langage répondrait à
» l'expression du cœur. Daignez
» agréer, monsieur, mes vœux pour
» votre bonheur. »

PAULINE BONAPARTE.

Ma lettre envoyée, j'en reçus une autre d'Hipolyte qui renfermait une paire de bracelets que je n'eus pas la sottise de lui renvoyer ; et comme la reconnaissance est une vertu que je possède au suprême degré, je ne tardai pas de donner à mon amant un rendez-vous, où après une résistance étudiée, je lui accordai le prix de son amour, de ses soins et de ses bracelets.

Hipolyte fut un des amans que je conservai le plus long-temps, et je crois d'honneur que notre amour durerait encore, sans les arrangemens que mon frère Napoléon prit pour m'établir.

Après le 13 vendémiaire, mon frère ayant été nommé au commandement de l'intérieur, rencontra au palais royal un de ses anciens amis nommé Leclerc (1). Après avoir renouvelé connaissance ensemble, Bonaparte lui fit avoir de l'emploi dans l'armée de Sambre et Meuse commandée par le général Hoche (2). De cette armée Leclerc passa à celle

(1) A cette époque, ce Leclerc faisait le métier au Palais-Royal d'*inviter* tous les *amateurs* à un *aimable tête-à-tête*.

(2) Leclerc était à Francfort sur le Mein quand on y reçut la nouvelle que les préliminaires de la paix avaient été signés par Bonaparte et l'Archiduc Charles; mais cela ne l'empêcha pas de voler et faire piller les habitans de cette ville, dont il aurait dû respecter les propriétés, puisque Francfort était une ville neutre.

d'Italie, où mon frère le trouvant digne d'entrer dans sa famille, me le donna pour époux, en lui accordant le brevet de général.

Lorsque Bonaparte fut élevé au consulat, il chargea de l'expédition de Saint-Domingue mon époux, avec le titre de capitaine général. Je l'y accompagnai; et tandis que les nègres égorgeaient les colons et les Français, je charmais mes loisirs avec les officiers de l'état-major. Je puis dire avec vérité que je fis le métier de Messaline, sans honte et sans remords.

De l'amour des blancs je passai à l'amour des noirs, et je fatiguai souvent Pétion et Christophe sur des lits de roses.

La part que j'ai eue dans le pillage de Saint-Domingue peut être évaluée à sept milions, et tout en sacrifiant à la reine d'Amathonte, je ne négligeai pas les autels de Plutus.

Vous savez quelle fut l'issue de

cette malheureuse expédition de Saint-Domingue. J'y perdis mon mari et y gagnai une fortune considérable.

Ayant fait embaumer le cœur du capitaine général, je revins avec lui sur une frégate en France, où j'apportai en même temps des cuisans souvenirs de mes saturnales de Saint-Domingue.

Je fus près d'un an entre les mains des médecins et des chirurgiens qui désespérerent un instant de ma guérison. Mais, graces à Dieu, je parvins à m'en tirer, non sans perdre une partie de mes attraits, qui furent flétris impitoyablement par le mercure et les drogues de la pharmacie.

Un jour, que j'assistais au spectacle des Français, le célèbre acteur Lafond, y jouait le rôle d'*Orosmane* dans *Zaïre*. Je m'emmourachai de ce comédien auquel je fis part de sa bonne fortune par un petit billet qu'on lui glissa entre les mains dans les coulisses, à la fin du spectacle.

L'histrion ne fut pas très-flatté de ma conquête, sachant que je sortais d'une maladie dont on n'est pas toujours bien assuré de la guérison; mais il fallut obéir; et parmi la foule de mes adorateurs ou de mes courtisans, il était le seul en qui j'avais mis toute mon affection.

Mon frère, après mon retour de Saint-Domingue, me maria au prince Borghèse (1), croyant étayer sa dignité impériale en mariant sa sœur à un véritable prince (2). Nous vi-

---

(1) Ce prince romain, lors de l'entrée des Français en Italie, devint un fougueux Jacobin. Ceux-ci, pour le récompenser de son *sans-culotisme*, le ruinèrent complètement; et lorsqu'en 1799, les républicains furent obligés de quitter Rome, Borghèse n'eut d'autre parti à prendre que celui de se sauver avec eux.

(2) Cet accouplement convint fort au prince, car il était aussi pauvre que sa future était riche.

vons ensemble comme deux personnes qui ne s'aiment ni s'estiment.
Il a des maîtresses , et moi j'ai des
amans, et le tout sans tirer à conséquence.

Je ne dois pas vous dissimuler
que j'ai depuis long-temps un commerce incestueux avec mon frère
Napoléon, et il paraît que dans notre famille , l'inceste est une espèce
d'épidémie (1). Mais tirons un voile
sur ces turpitudes qui choquent éga-
lement les lois et les bienséances de
la société.

Je vous ai dit que l'acteur Lafond
était mon amant chéri; malgré ma
tendresse pour lui, j'ai voulu aussi
essayer des acteurs des autres grands

---

(1) Lucien a *forniqué* avec sa sœur Caroline , femme Murat; ce dernier a été prêt de
se battre avec son beau-frère pour venger son
honneur outragé. Mais Napoléon arrangea
l'affaire en faisant partir Lucien pour l'Espagne , en qualité d'ambassadeur.

spectacles, des chanteurs du Vau-
deville et des cabotins des théâtres
des boulevards. Dans ce monde,
pour acquérir de l'expérience, il
faut un peu goûter de tout ; c'est
ma maxime favorite que j'ai toujours mise en pratique avec autant
de zèle que d'ardeur.

Je me promenais un soir dans le
parc de ma maison de campagne,
lorsque je vis accourir à ma rencontre un militaire que j'avais connu
à Saint-Domingue. Ayant fait éloigner mes gens, je lui demandai qui
l'avait introduit dans le parc, et à
quoi je pouvais lui être utile ? — A
beaucoup de choses, me répondit-il.
— Expliquez-vous, continuai-je. —
Belle Pauline, ajouta-t-il, je solli-
terai d'abord votre protection pour
me faire rétablir dans mon grade
que j'ai perdu par mon inconduite ;
je vous demanderai ensuite ce que
vous m'accordiez autrefois si facilement à Saint-Domingue. L'insolence

9

de cet homme me révolta ; je pris un air de grandeur, et je lui dis de se retirer ; alors s'établit entre nous le dialogue suivant :

LE MILITAIRE. Charmante Pauline, vous êtes bien changée.

PAULINE. Cela se peut, Monsieur.

LE M. Vous étiez douce, affable...

P. Je le suis encore ; mais non pour des impertinens qui oublient mon rang et leurs devoirs.

LE M. Vous étiez très-gaie.

P. Je le suis encore, mais avec les personnes qui marchent mes égales.

LE M. Vous aviez beaucoup d'esprit?

P. J'en ai encore : quant à vous, vous n'êtes qu'un sot, et le serez toute votre vie.

LE M. Ne vous fâchez pas, Pauline.

P. Je ne m'appelle plus Pauline, je suis la princesse Borghèse (1).

_____

(1) Pauline Bonaparte, après son mariage

LE M. Eh bien ! belle princesse, adoucissez-vous ; on doit quelques égards à ceux qui ont contribué à nos plaisirs.

P. Je ne vous entends pas, Monsieur.

LE M. C'est-à-dire, que vous ne voulez pas me comprendre.

P. Brisons un entretien qui commence à me déplaire, je ne suis pas d'humeur à me laisser manquer.

LE M. Vous vous effarouchez, belle princesse... Mais songez donc...

P. Je ne songe à rien ; retirez-vous, vous dis-je, sinon je vais vous faire mettre à la porte.

LE M. Vous n'oseriez-vous le premettre.

P. Je me permets tout.

---

avec le prince Borghèse, se permettait souvent des saillies, des vérités un peu dures et même des sarcasmes sur la *sainte famille impériale*, dont elle se moquait à la journée, imaginant sans doute qu'étant mariée à un véritable prince, ces choses à lui étaient permises.

Voyant que cet original allait encore poursuivre son dialogue, je lui tournai le dos, et fis signe à mes gens de l'éconduire lestement.

Le lendemain je reçus une lettre de lui, dans laquelle ne ménageant en aucune manière ses expressions il me traita sans scrupule d'incestueuse et de catin. Je brûlais de me venger; mais la prudence me suggéra de garder le silence sur mon entrevue, et sur cette lettre qui aurait beaucoup égayé la malice des courtisans.

Je m'apperçois qu'il est déjà très-tard, et comme je ne veux pas abuser de votre patience, je crois qu'il est à propos de lever la séance; d'ailleurs je n'ai plus rien d'intéressant à vous communiquer : demain ma sœur Caroline vous dédommagera de cette ennuyeuse soirée, en vous faisant part de ses aventures galantes.

~~~~~~

SIXIÈME SOIRÉE.

AMOURS DE CAROLINE BONAPARTE.

L E lendemain, Caroline Bonaparte, avant de commencer le récit de ses aventures, crut devoir préluder par ce petit discours :

« J'avais presque résolu de dérober à votre curiosité les commencemens d'une vie qui ne présente que des vices et des turpitudes ; mais les aveux de mes sœurs m'ont enhardi. Je passerais à vos yeux pour une bégeule, si je voulais me montrer meilleure que vous. Au reste nous n'avons point à rougir en présence les uns des autres : notre conduite, à peu de choses près', a été la même jusqu'ici ; et il y a tout lieu de croire qu'elle ne changera pas.... J'entre en matière. »

Quand ma mère quitta la ville d'Ajaccio pour établir sa résidence à Marseille ; j'étais encore trop jeune pour suivre le noble exemple de mes chastes sœurs ; mais par la suite j'en ai bien profité. En attendant, néanmoins que l'âge et les circonstances me permissent de me lancer dans la carrière amoureuse, j'y préludai en quelque sorte, en faisant le rôle de courtière des amours de mes sœurs. Tout Marseille a connu que j'avais beaucoup de talens pour ce petit manège, mais ce tems est passé : portée sur un plus grand théâtre, mes aventures en eurent plus d'éclat et causèrent plus de scandale.

J'étais à peine nubile, lorsque mon frère Napoléon qui parcourait alors à pas de géant la carrière militaire, et qui travaillait à s'emparer du pouvoir suprème, me trouvant jeune et jolie, forma la résolution de ceuillir une fleur qui devait bientôt être souillée par le souffle impur du libertinage le plus éhonté; quoiqu'au dessus de tous les préjugés, il éprouva d'abord quelque répugnance ou plutôt une espèce de remords à me faire l'aveu de sa flamme et des désirs que je lui avais inspirés; surmontant enfin cette voix intérieure et secrette qui lui criait que l'inceste est un crime, il me dit un jour:

— Caroline, je gage que tu ne devine jamais ce qui se passe au dedans de moi-même; je voudrais parler et je n'ose; un trouble secret m'agite en te voyant; ma langue s'embarrasse, et..

— Dis moi donc, Napoléon, ce que tu sens?

— Ecoute, Caroline. La nature, qui n'est presque jamais d'accord avec les lois de la société, et les préjugés qui gouvernent le monde, me crie tout haut que deux êtres d'un sexe différent sont faits l'un pour l'un et l'autre...

— Je le pense comme toi.

— Mais si je te disais que je t'aime...

— Un frère doit aimer sa sœur, cela est tout naturel.

— Tu ne m'entends pas, Caroline.

— Mais, parle, explique moi ta pensée.

— Un frère, doit avoir de l'amitié pour sa sœur, personne n'en doute; mais si cette amitié se change en amour, on le trouve mauvais.

— Je crois en effet, que cela n'est pas beau.

— Cependant, nous ne sommes pas les maîtres de nos sentimens, et le cœur...

— Le cœur ne parle jamais pour un frère...

— Et cependant le mien parle pour toi.

— Quoi! tu sentirais pour moi de l'amour.

— Oui, Caroline, mais c'est un amour brûlant qui ne peut s'éteindre que dans la jouissance de l'objet aimé.

— Ah ! je te comprends actuellement. Mais cet amour est criminel.

— La société dit oui, la nature dit non.

— Et tu voudrais...

—Oui, je veux que tu m'aimes, et que tu m'accordes les dernières faveurs de l'amour. Au reste mon parti est pris, et si je ne puis les obtenir de bonne volonté, je les aurai de vive force.

En achevant ces mots, Napoléon me prit entre ses bras, me serra vivement contre son cœur et me couvrit de mille baisers : je voulus faire quelques résistances ; mais bientôt mes sens électrisés par ses brûlantes caresses, me livrèrent à la violence et à la fougue de ses désirs, et alors, sans aucun obstacle, il me ravit la fleur de ma virginité.

Lorsque nos ébats amoureux eurent cessé : Caroline, me dit Napoléon, avoue qu'il n'y a rien de si délicieux que le fruit défendu.

Depuis ce moment, j'ai été une des maîtresses de mon frère, qui, pour couvrir nos secrètes liaisons, me maria à Murat (1). Murat, un peu jaloux de son naturel, avait pris à tâche de me contrarier dans toutes mes intrigues ; j'étais entouré d'espions dont l'honorable fonction était de lui rendre compte de la moindre de mes démarches. Ce manége me déplût, et je lui dis un jour :

« Monsieur Murat, votre conduite à mon égard commence à me scandaliser ; vous vous comportez avec moi comme un petit bourgeois

_____

(1) Joachim Murat, né dans le Quercy, était fils d'un maître de poste qui tenait une petite auberge. Lors de l'élévation de Bonaparte, il parvint aux plus hauts emplois et aux dignités les plus éminentes. Napoléon, pour comble de bienfaits, le fit roi de Naples. On sait comment il l'a payé de reconnaissance.

du marais avec sa femme; je pré-
tends me dégager de toutes ces en-
traves ; mon frère Napoléon en est
informé, et m'a promis de mettre
fin à cette inquisition maritale ».

Murat ne répondit rien , et je
continuai de poursuivre le cours de
mes aventures galantes. Parmi mes
courtisans , le jeune F......., fils
naturel de T....... et de madame
de F......., devint amoureux de
moi. N'osant manifester ouvertement
ses sentimens, il saisissait toutes les
occasions de me témoigner par ses
regards, ses prévenances, ses soins,
et par ce je ne sais quoi qu'une
femme devine si facilement, combien il serait heureux si je daignais,
du haut de ma grandeur, compatir
à son douloureux martyre , et le
payer d'un tendre retour.

J'affectais , cependant , de ne
m'appercevoir de rien ; et mon amoureux transi, de se morfondre de nou-

veau à vouloir me prouver par ses gestes et le langage de ses yeux, que mon indifférence allait causer infailliblement sa mort. Quoique je fusse sensible à son amour, je voulais néanmoins le faire languir, lorsque tout-à-coup mon adorateur s'éloigna de ma petite cour, et courut ensevelir ses peines et ses tourmens au fond d'une campagne.

Son absence m'inquiéta ; je me reprochai alors d'avoir usé de trop de rigueurs, et d'avoir désespéré un jeune homme aussi tendre et aussi amoureux.

Mais comment le faire sortir de sa solitude ? je consultai la dessus une de mes dames d'honneur, confidente secrette de mes amours et de mes plaisirs ; celle-ci, ne trouva pas d'autre moyen de faire revenir l'amant désespéré que celui de lui faire savoir indirectement que je m'étais apperçue de son absence, et même que j'en avais témoigné des regrets.

Ce petit stratagême n'eut pas d'abord tout le succès que j'en attendais ; elle me valut néanmoins la lettre suivante.

« Las de soupirer et de me con-
« sumer pour la divinité qui a rejetté
« mon amour, j'ai pris le parti, ado-
« rable princesse, de vous fuir, es-
« pérant que l'absence calmera in-
« sensiblement et éteindra peut-
« être avec le temps une pas-
« sion malheureuse ; mais je com-
« mence à m'appercevoir que la so-
« litude, loin d'apporter un adou-
« cissement à mon mal, ne fait que
« l'aigrir ; je viens de prendre le
« parti de passer les mers, et d'aller
« sous d'autres cieux porter mon
« amour et mon désespoir. Recevez
« mes adieux, trop séduisante prin-
« cesse, et plaignez un malheureux
« dont vous seule avez causé les

« peines , et que vous avez déjà
« peut-être oublié. »

Signé F.

Cette missive me toucha vivement ;
j'en fis part à ma confidente qui me
conseilla d'y faire une réponse , que
je me hâtai de tracer en ces termes.

« Vivez pour m'aimer ; revenez
« encore embellir ma petite cour ,
« et soyez persuadé que votre ab-
« sence m'a toujours inquiétée. »

Signée CAROLINE.

F..... en recevant ce billet , fut
transporté de joie ; et , peu de jours
après, il se rendit à mon hôtel. J'étais
seule alors , et j'ordonnai qu'on le
fit entrer : Voici le dialogue qui s'é-
tablit entre nous deux.

— Eh bien ! vous voilà donc ,
petit transfuge ! J'ai cru que je ne
vous verrais plus de la vie , en un
mot que vous étiez perdu pour la
société.

— C'est vous , belle Caroline , qui en eussiez été la cause : indifférente au plus ardent amour.....

— Je ne le fus jamais. Vous êtes trop vif, mon cher ami ; il paraît que vous aimez brusquer les avantures.

— Ma flamme fut toujours discrète ; une timidité que je ne pouvais surmonter, m'empêcha toujours de vous exprimer les sentimens que vous m'aviez inspirés.

— Vous eûtes grand tort.

— Dans l'incertitude si.....

— En amour , il ne faut douter de rien. Mais je vous pardonne votre enfantillage , parlons de ce qui vous amène ici, et de vos espérances....

— Belle Caroline, vous savez ce qui me conduit ici, et quel espoir me guide.

— C'est bien répondre , mon ami , et vous méritez une récompense......

En achevant ces mots, je lui ten-

dis la main qu'il baisa avec transport.
F.... s'enhardissant de plus en plus,
me ravit ensuite un baiser sur la
bouche, que je lui rendis, ne voulant rien avoir à lui; alors nos ébats
amoureux commencèrent avec la
plus grande vivacité et ne cessèrent
que par impuissance.

Quoique, par caractère, et même
par calcul, je soie infidèle et incons-
tante, je fis jurer à mon amant qu'il
me serait toujours constant et fidèle;
il me le promit; mais les promesses
des amans sont comme la bonne foi
des marchands: on manque aux unes
comme à l'autre sans le moindre
scrupule, sans pour cela perdre l'estime et la considération.

Mes liaisons avec F.... durent encore, et je n'ai qu'à me louer de sa
persévérance; mais il est à présumer
qu'il changera; je tâcherai de le prévenir.

Une aventure qui a fait un peu plus
de bruit, est l'espèce d'inceste que j'ai

commis avec mon frère Lucien ; je
m'étais apperçu depuis quelque
temps que ce frère me convoitait
avec des yeux de concupiscence ; je
n'en fus point allarmée, je dirai plus,
j'en fus très flattée, et j'étais curieuse
de savoir comment Lucien s'y pren-
drait pour me proposer ce qu'un
frère propose rarement. J'attendais
avec impatience ce moment, lorsque
je reçus de mon frère le billet
suivant :

« J'aurais quelque chose d'impor-
» tant à te communiquer, ma chère
» Caroline ; je t'attends, aujour-
» d'hui, à onze heures du soir ; je
» serai seul.

L. BONAPARTE.

Je soupçonnai aisément quelle
était la chose si importante que Lucien avait à me faire part; ma première idée fut de ne point répondre
à son invitation; mais, après quelques
réflexions, je sentis que si je n'allais

chez lui, il pourrait bien venir chez moi, et causer qeelque scandale qui aurait toujours été désagréable pour moi. Pour parer à cet inconvénient, je résolus donc d'aller le trouver le soir, sans en faire part en aucune manière à mon mari.

J'arrivai chez Lucien à l'heure indiquée ; il m'attendait dans son cabinet. Après nous être entretenus, quelques minutes, de choses assez indifférentes, il me prit la main et me dit, en me fixant attentivement :

— Tu sais, Caroline, que j'ai toujours eu pour toi beaucoup d'affection ; tu n'en peux douter.

— Cela est vrai.

— Jamais tu ne m'en as témoigné la moindre reconnaissance.

— Je pourrais te prouver le contraire.

— Mais ce n'est pas tout à-fait de cela qu'il s'agit ici. Tu sais aussi que mon frère Napoléon a eu tes premières faveurs.

— Qui a pu t'en instruire ?

— Le bruit public.

— Ce bruit est faux.

— Veux-tu maintenant que je t'en administre les preuves ?

— Cela est absolument inutile ; mais en dernier résultat, à quoi tend ce discours ?

— A m'accorder ce que tu as si généreusement donné à mon frère.

— Tu n'y penses pas, Lucien.

— Au contraire, je veux obtenir de ta bonne volonté, ce que je puis te ravir par la force.

— Comment ! tu employerais la violence ?

— Certainement, c'est ma manière habituelle d'agir.

— Mais, si j'allais crier.

— On ne t'entendra pas.

— Tu avoueras néanmoins....

— Je n'avoue rien..... En disant ces mots, il m'attira sur ses genoux ; je voulus lui opposer quelque résistance, je n'étais pas la plus forte, je tombai sur un canapé, il m'y suivit, et je consommai mon second inceste.

Je ne puis vous dissimuler que j'éprouvai quelques remords de ma conduite incestueuse, mais il ne furent pas de longue durée ; quand une fois on a débuté dans le vice, la conscience s'endurcit à la longue, et je trouve aujourd'hui très-naturel, ce qui fait horreur à tout le monde.

Mes entrevues amoureuses avec Lucien se succédèrent rapidement ; mais comme tout se découvre avec le temps, Murat apprit, je ne sais comment, que son beau-frère le faisait c.... Transporté de rage et de fureur, il me fit les reproches les plus sanglans, et il se serait même porté à des extrémités violentes envers moi, s'il n'eût craint que mon frère Napoléon ne le trouvât mauvais.

Le bruit de mon inceste courut dans tout Paris, par l'indiscrétion de

Murat. Les chuchotemens, et les rica-
nemens de mes courtisans et des gens
de la maison aigrirent encore davantage sa bile, et il résolut de venger dans le sang du coupable son honneur outragé. Pour couper court à
une aventure qui pouvait avoir des
suites fâcheuses, mon frère Napoléon envoya son frère Lucien en Espagne, avec le titre d'ambassadeur.

Pour consoler Murat de cette petite mésaventure, il lui promit de
le faire Roi de Naples. L'ambition
fit taire la jalousie et le ressentiment
dans l'ame de mon mari; et nous
vécûmes depuis dans la meilleure in-
telligence, Murat ayant pris le parti
de fermer les yeux sur toutes mes
peccadilles et mes inconséquences.

Pour me distraire un peu de mes
amours illicites, je me liai avec tous
les filous qui savent le mieux *esca-
moter* une carte; je les invitai à mes
parties, et j'avais toujours la meilleure curée dans les bénéfices hon-

nêtes que ces fripons tirent à l'aide
de leurs tours de *passe-passe*.

Un de .ces joueurs , assez bel
homme , qui savait que j'aimais beaucoup l'argent , et que je sacrifiais
tout à ce divin métal, me fit entendre
un jour , d'une manière assez ingé-
nieuse , qu'il attachait beaucoup de
prix à l'or , mais qu'il en attacherait
encore davantage à mes faveurs.

Cette proposition , loin de me
paraître téméraire et peu respec-
tueuse , me sembla digne d'être
accueillie. Il ne s'agissait plus que
d'avoir une entrevue secrette. Une
de mes femmes, qui par sa discrétion,
avait mérité ma confiance , fut
chargée de nous ménager un ren-
dez - vous dans une maison isolée. Je me déguisai en homme ,
et à l'heure indiquée , je m'y trouvai. Mon nouvel amoureux m'y
attendait. Après nous être entretenus quelques instans des mille et
une chances du jeu, et des cent et

une manières de parer aux coups
du hasard ou de la mauvaise fortune,
mon joueur tira de sa poche un petit
écrin de diamans, qu'il me pria
d'accepter, comme un faible hom-
mage de l'amour que je lui avais inspiré. Il s'y était pris trop galam-
ment pour que je refusasse ce don
de la tendresse : — Mais, monsieur,
lui dis-je, comment reconnaître...—
Madame, il ne tient qu'à vous de
n'être plus mon débiteur ; puis s'approchant de moi, il me ravit un
baiser ; je n'eus pas la force de vouloir m'y soustraire ; cette première
tentative l'enhardit, et poursuivant
ses témérités, après avoir délacé,
ou plutôt déchiré mon corset, sa
main parcourut tous les trésors qu'il
renfermait. Que vous dirai-je de
plus ? sans presque m'en douter, il
se mit en possession d'un bien qui
avait déja appartenu à mille autres.

Nous nous séparâmes enfin, en-
chantés l'un de l'autre, après nous

être promis réciproquement dé revenir voir quelque fois notre hermitage.

A cette époque, le jeune F... prit la fantaisie de devenir jaloux après une petite querelle que nous eûmes ensemble, il me délaissa. Je n'en éprouvai aucuns regrets. Son amour sentimental me donnait des vapeurs, et je fus charmée d'en être débarrassé. Le joueur me restait encore; mais je ne pouvais me flatter de le garder longtems. Naturellement insconstant, comme un papillon, il aimait à voltiger sur toutes les roses. Nous nous quittâmes, bons amis; je ne ne sais ce qu'il est devenu depuis.

Je n'avais plus aucuns adorateurs. Mon frère Napoléon était à la tête de ses armées, Lucien voyageait pour son plaisir, en faisant dans sa route un poëme épique. Murat seul me restait, mais Murat était mon mari, et un mari n'a rien d'attrayant

pour une femme ; je me déterminai
à choisir parmi ma livrée, un gaillard
fort et robuste qui pût suppléer
à la disette d'amans que j'éprouvais
alors.

Celui sur qui tomba mon choix,
fut un Auvergnat d'une taille gigan-
tesque, et bien proportionnée, malgré cela, dans sa grandeur. Un œil
noir, et le nez aquilin, me pro-
mirent de grandes jouissances ; et
je ne fus point trompée dans mon
attente. Ce qu'il y a de plus singulier
dans ce commerce galant, c'est que
ce nouvel Hercule ignorait et a toujours ignoré quelle était la personne
qui se livrait a ses embrassemens et
à ses caresses. Ce n'était que la nuit,
et dans une chambre sans lumière
qu'il pouvait acquitter la tâche qui
lui était imposée. Il lui était défendu
de parler, et il n'entendit de moi aucun son de voix, excepté les soupirs
de la brutalité qui jouit. Mais jouir

sans parler, est un tourment pour une femme, et mon Auvergnat fut obligé de cesser ses fonctions au moment où il s'y attendait le moins.

Un colonel de dragons lui succéda ; j'eus lieu de m'applaudir de cette conquête. Agréable en société, charmant dans le tête-à-tête, il ne lui manquait qu'une seule qualité, celle d'être riche ; car aux désirs effrénés et sans cesse renaissans d'une Messaline, je joignais une cupidité sans bornes ; mon colonel ne pouvait payer que de sa personne et cela ne me suffisait pas ; aussi deux mois après notre première entrevue, je l'éconduisis lestement. J'ai appris depuis qu'il s'était fait tuer dans un duel.

Le colonel eut pour successeur un homme de robe ; ce suppôt de Thémis était mince et fluet, mais très-riche. Je fis sa connaissance à

Morfontaine chez mon frère Joseph.
Il débuta par des propos galans ; je
lui fis entendre assez adroitement
qu'il fallait payer les faveurs de l'a-
mour ou du libertinage , comme on
voudra , et que nous n'étions plus au
tems des Céladons , où les sentimens
et les soupirs étaient la seule mon-
naie. En véritable jurisconsulte qui
sait apprécier les bonnes raisons,
il sentit la bonté des miennes, et je
ne tardai pas à éprouver les effets
d'une générosité peu commune. Notre commerce galant dura un mois
environ ; et il était tems qu'il prît
fin , car ce robin était peu capable
de servir sous les étendarts de Vénus.

J'étais sur le point d'arrêter dans
mes filets un fournisseur immen-
sément riche , que mon frère Napoléon n'avait pas encore dégraissé ,
lors que mon mari fut appelé au
royaume de Naples. Je crois , mes
chèrs frères et mes chères sœurs
que je vous ai fait une confession

générale de mes amours aussi franche que sincère. J'espère que demain mon frère Louis suivra mon exemple. Il a été discret dans ses amours, et lui seul peu nous instruire de ses exploits galans. En attendant, je crois qn'il est très-à propos que chacun de nous se retire. Je vais vous en donner l'exemple, et vous souhaiter un sommeil profond et des songes agréables. Aussitôt elle fit appeler ses gens et monta en voiture.

SEPTIÈME SOIRÉE.

AMOURS DE LOUIS BONAPARTE.

LORSQUE tous les membres de l'auguste famille furent réunis, Louis prit la parole et s'exprima en ces termes :

Ce fut à Marseille que je connus pour la première fois l'amour et que j'en éprouvai alternativement les jouissances et les tourmens. J'entrais dans ma dix-huitième année, et je puis dire avec vérité que j'étais vierge. La fille d'un mercier, que je vis un jour à la promenade, fut la Circé qui me fit sentir que j'avais un cœur, et qui m'enchaîna quelque temps sous ses lois.

Justine, (c'est le nom de cette fille) n'avait aucuns traits réguliers ; mais une fraîcheur éclatante, un minois chiffonné , des yeux petits mais expressifs , en faisaient un objet séduisant; en un mot, elle avait, suivant l'expression vulgaire, *la beauté du diable.*

La voir et l'aimer ne furent qu'un ; mais le lui dire n'était pas aussi facile. Son père était un homme honnête et rigide, et sa mère une femme estimable, qui avait des principes d'honneur.

J'avais cherché plusieurs fois à parler à Justine, mais inutilement; je brûlais de lui faire part des sentimens qu'elle m'avait inspirés ; mais des obstacles sans cesse renaîssans en retardèrent l'aveu. En amour, il faut user quelquefois de ruse ; et voici celle que j'employai pour faire connaître mon amour à Justine. Un joueur d'orgues qui parcourait tous les jours les rues de Marseille en chantant, et en s'accompagnant de son instrument, fût le messager de mes amours. Comme il vendait en

même temps de petits cahiers de
chansons , je traçai un petit billet
que j'attachai dans un de ces cahiers ,
et que mon Mercure , qui n'était
pas un sot , devait d'une manière ou
d'une autre lui faire acheter ou
prendre , en allant jouer ou chanter à sa porte.

Notre stratagême réussit : mon
chanteur fît tant qu'il força pour
ainsi dire Justine à acheter un de
ses cahiers ; elle voulait choisir ; il
ne lui fut pas possible et le cahier
désigné pour lui être remis, tomba
entre ses mains. Diavalo , c'est le
nom du chanteur, passait tous les
jours devant la porte de Justine, et
lui proposait de nouvelles chansons,
en lui offrant de reprendre en échange
les anciennes qu'il lui avait vendus.
Elle accepta un jour ses offres, et
reçut un nouveau cahier dans lequel
était intercalé une seconde missive.
Celle-ci fut plus heureuse que la première. Un jour que Diavolo traversait

sa rue, elle l'appella, et lui dit : Monsieur, vous m'avez trompé la dernière fois, en me vendant des chansons que vous m'avez déjà fournies, je vous les rends, donnez-m'en d'autres. Vous sentez qu'il ne se fit pas prier, et que l'échange fut bientôt consommé.

Diavolo se hâta de m'apporter le cahier qu'on lui avait rendu, et dans lequel se trouvait un petit papier écrit de la main de Justine, en réponse à mes deux billets. Je le lus avec avidité, et voici ce qu'il contenait :

« J'ai reçu, Monsieur, vos deux
« lettres. Je n'ai pas cru devoir ré-
« pondre à la première ; ma réponse
« à la seconde est de vous prier de
« cesser ce petit manège qui n'est
« pas honnête. Si vous m'aimez
« comme vous le dites, parlez-en à
« ma mère qui n'a rien tant à cœur
« que de voir sa fille épouser un
« homme qui lui serait agréable. »

Signé, Justine.

Je vis par ce billet que Justine
n'était point insensible à mon amour ;
mais ma position et mon âge ne me
permettaient pas de devenir son
époux. Je ne me rebutai pas pour
cela : je lui fis transmettre, par
mon canal ordinaire, une lettre am-
phigourique, où comme un vrai Normand, sans dire ni oui ni non, je
lui demandais un rendez-vous au
lieu qu'elle m'indiquerait pour m'ex-
pliquer avec elle. Plusieurs jours
s'écoulèrent sans que mon messager
m'apportât de réponse ; il avait beau
traverser la rue, passer et repasser
devant sa porte, il ne la voyait plus.
Désespéré de voir mon amour rebuté, j'avois pris le parti d'oublier
Justine, lorsqu'un jour un petit sa-
voyard vint demander l'aumône à
la porte de ma mère ; j'allais lui
répondre *Dieu te bénisse*, lorsqu'un
coup - d'œil du petit bonhomme,
et un morceau de papier qu'il
roulait entre ses doigts, me firent

deviner ce que cela signifiait. Je
n'avais qu'une pièce de dix sous ; en
la lui donnant, il me glissa son papier dans la main. C'était un billet
de Justine conçu en ces termes :

« Dimanche prochain , je vais
« avec ma mère au petit village de
« I....... chez une de mes cousines
« qui demeure en face de l'église.
« Trouvez-vous auprès du portail à
« cinq heures, c'est-à-dire après
« vêpres. Une jeune fille, habillée
« en blanc , passera devant vous, en
« laissant tomber un œillet qu'elle
« a la main. Suivez-la , sans lui
« parler, elle vous conduira dans
« une maison, où nous pourrons
« nous entretenir un instant. »

Je fus exact au rendez-vous. Justine en me voyant entrer, me sourit
agréablement. Elle m'emmena dans
le jardin où nous nous entretînmes
assez long-temps. Je fis beaucoup
de promesses , elle eut l'air d'y
ajouter foi. Elle me donna un se-

cond rendez-vous dans le même lieu, le dimanche suivant.

Que la semaine fut longue à s'écouler! je crus que ce maudit dimanche n'arriverait jamais. Dès les quatre heures du matin je fis ma toilette pour partir à deux. Tout le long de la route mon imagination exaltée embellissait tous les objets qui se présentaient à ma vue; j'allais voir Justine, j'allais porter les hommages de l'amour le plus pur aux pieds de la divinité de mon cœur. J'éprouvais dans toutes les parties de mon corps une espèce de tremblement que je ne pouvais concevoir. Il était temps que j'arrivasse. Justine m'accueillit avec tendresse; nous nous acheminâmes vers un des bosquets du jardin. Ce fut alors que me jetant à ses genoux, je lui fis mille protestations d'un amour qui ne s'éteindrait qu'avec ma vie; elle me releva, et me dit : Est-il bien vrai que vous m'aimerez toujours?

— Oui, Justine, je vous le jure. —
Sermens d'amour, ne sont pas les
plus sacrés; mais, parlons d'autres
choses. — Que voulez-vous dire,
Justine?.... ne m'accorderez-vous
pas le prix que vous m'avez promis?
—Je ne vous ai rien promis. —Ah!
Justine, Justine!... un seul baiser...
— Vous êtes bien exigeant, et elle
me le donna. Ce baiser électrisa
tous mes sens; j'étais hors de moi-
même; la pauvre fille n'était plus
aussi à elle-même, et de baisers en
baisers, de caresses en caresses, je
parvins au trône de l'amour, où je
m'abreuvai d'un torrent de délices.

L'heure de partir arrivée, je pris
congé, avec bien de la peine, de
mon adorable Justine; nous avions
pris nos mesures pour nous voir un
peu plus souvent. Ce temps fut le
plus heureux de ma vie; j'aimais de
bonne foi; et je ne me rappelle jamais les soirées que j'ai passées avec
cette aimable fille, sans verser des

larmes d'attendrissement; ce souvenir m'a inspiré, il y a quelques
jours, les couplets suivans que je
fredonne sur l'air : *O Fontenai !*
qu'embélissent les roses.

Dans mon printemps, le dieu de la tendresse,
Sans nul effort me soumit à sa loi ;
Brûlant d'amour, plein de sa douce ivresse,
Ah! comme alors j'aimais de bonne foi !

Pour un baiser de la belle Sylvie,
J'aurais donné tous les trésors d'un roi ;
J'aurais fait plus, j'aurais donné ma vie :
Ah! comme alors j'aimais de bonne fois !

A mon réveil, je voyais ma Sylvie,
La nuit, en songe, elle était près de moi :
De mes plaisirs la chaîne était suivie :
Ah! comme alors j'aimais de bonne foi !

L'âge s'avance ; au plus riant mensonge :
La vérité succède avec effroi :
Ah! revenez, douces erreurs d'un songe,
Faites que j'aime encor de bonne foi !

Mes liaisons avec Justine, furent
rompues au bout d'un an par le ma-

riage qu'elle contracta avec une personne de son état et de sa condition. J'en ressentis une véritable peine ; et je cherchai inutilement à renouer avec elle. L'ayant depuis entièrement perdue de vue, je courtisai une jeune grisette, couturière de son état, qui ne me laissa pas longtemps soupirer, et je présumai avec raison que je n'étais pas le premier qu'elle avait comblé de ses faveurs.

Jusqu'à l'élévation de mon frère Napoléon, vous savez qu'elle fut ma conduite. Porté par les circonstances sur un théâtre plus vaste, je parvins successivement à toutes les grandes dignités de l'état.

Je ne vous entretiendrai pas de vétilles amoureuses que j'eus au milieu des embarras de la grandeur. Mon frère qui voulait aggrandir sa famille à quelque prix que ce fût, me fit épouser Fanny ou Hortense de

Beauharnais(1), et me fit malgré moi roi de Hollande ; il avait voulu que sa bien aimée fût reine (2), et je fus obligé de régner.

Cette union, comme vous le savez, ne fut pas heureuse. Incapable de me gouverner moi-même, j'allai gouverner les Hollandais, qui cependant n'eurent pas à se plaindre de moi. Je voulais leur bien ; mais mon frère Napoléon ne cherchait qu'à les pressurer.

Mon épouse resta à Paris, d'où

---

(1) Cette infortunée était enceinte de Napoléon, quand elle fut mariée à Louis. Mais la volonté d'un tyran est une loi irrésistible.

(2) Cette dame était aussi affable comme reine, que quand elle n'était que mademoiselle de Beauharnais. Bonne, humaine, charitable, elle était toujours prête, pour obliger, à user de la grande influence qu'elle avait sur Bonaparte, dont elle n'avait pas cessé d'être la *favorite*. En tout, sa conduite formait un contraste frappant avec celle des *vertueuses* sœurs de l'*Impériale Majesté*.

elle se rendait assez souvent à son château de Saint-Leu-Taverny ; de ce château situé sur une espèce de côteau, on domine sur tous les villages voisins, et la vue présente un horizon immense. Je m'y plaisais infiniment et j'aurais désiré y passer toute ma vie ; mais le sort en avait ordonné autrement pour le moment.

En Hollande, j'eus la fantaisie de voir une femme de ce pays. Je jettai les yeux sur la fille d'un négociant d'Amsterdam, qui venait quelque fois me faire sa cour. Des formes athlétiques, un embonpoit extraordinaire, une figure assez régulière formaient l'ensemble d'une masse de chair à qui il manquait une âme. Il ne me fut pas difficile d'avoir une entrevue avec elle. En l'abordant, je lui fis compliment sur sa fraîcheur, elle y répondit par une révérence. J'entamai une espèce de conversation, dont je fis à peu-près tous les frais. Ma statue ne s'animait en aucune manière ; je la fis asseoir à côté de moi sur un canapé. Quelques petites libertés que je pris, commencèrent à émouvoir ses sens, et sans éprouver presqu'aucune résistance, je consommai le sacrifice.

Ma belle Hollandaise donna alors quelques signes de vie. Le jeu parut lui plaire, et comme une nouvelle Galathée, elle me provoqua au plaisir.

J'eus depuis avec elle plusieurs têtes-à-têtes, où je m'apperçus qu'elle avait profité un peu de mes leçons. En fait d'amour et de galanterie il n'est rien tel qu'une française. J'ai connu des femmes de presque toutes les nations de l'Europe, aucune n'a comme la dernière cette grace, cette délicatesse de sentimens, cet art de jouir et d'enchaîner un homme dans ses bras, même lors que les premiers feux de l'amour sont éteints, et qu'il tombe dans une espèce d'indifférence presque voisine de la satiété et quelques fois du dégoût.

Mon Hollandaise eut pour successeur une jeune et gentille créole;
celle-ci, née sous un soleil ardent,
semblait en avoir retenu une partie
des feux. C'était du salpêtre enflam-
mé. Je la gardai environ deux mois
au bout desquels j'en transmis la
possession à un de mes chambellans
qu'elle conduisit bientôt aux portes
du tombeau.

Ce fut à peu près à cette époque
que las de régner, je descendis du
trône, et me retirai à ma terre de
Saint-Leu-Taverny.

Les paysannes de ce village ne
sont point jolie, et je ne me souciai
point, comme seigneur, de cueillir
les roses de mes vassales.

Une des dames d'honneur de mon
épouse, aimable autant que vive et
légère, m'inspira une espèce de passion, que je cherchai a éteindre dans
son origine. Femme d'un homme
que j'estimais, il me répugnait de
la séduire. Heureusement pour elle

et pour lui que mon frère Napoléon
m'envoya en Suisse, et dans quelques
contrées de l'Allemagne, pour observer les cabinets étrangers (1).

C'est durant ces voyages que j'ai
fait un libelle contre ma femme sous
le nom de roman. Je m'en repens.
On ne doit jamais révéler les turpitudes des personnes qui nous appar-
tiennent, la honte en retombe presque toujours sur le détracteur.

En achevant ces mots, Louis se leva, ainsi que toute la sainte famille,
qui promit de se rassembler le lendemain pour entendre le récit des aventures de Jérôme, non de Jérôme
de M. Pigault-Lebrun, mais de Jérôme Bonaparte, Roi de Westphalie.

_____

(1) Louis, retiré en Styrie, correspondait
avec Savary, duc de Rovigo, ministre de
la police, qui, toutes les semaines lui en-
voyait un courrier déguisé.

HUITIÈME SOIRÉE.

Amours de Jérome Bonaparte.

Je pourrais aisément me dispenser de vous faire un récit de mes aventures, dit Jérôme à ses illustres auditeurs, car elles n'ont rien de curieux et d'intéressant. Mais, puisque vous l'ordonnez, je vais commencer.

J'étais encore très-jeune, lorsque mon frère Napoléon parvint au consulat. On me mit à Paris dans une pension, où je n'appris presque rien, mais où je se scandalisai tous mes camarades. J'avais sucé le lait d'une mère qui ne haïssait par les plaisirs, et j'héritai d'elle une complexion amoureuse qui me précipita dans tous les excès du libertinage.

Les jours de congé, je sortais de ma pension. Comme je ne manquais pas d'argent, il ne m'était pas dif-

facile d'acheter l'amour tout fait.
Ne trouvant rien de plus commode,
je me livrai à la débauche; j'en ressentis bientôt les effets cuisans. Cette
leçon ne me corrigea point; à peine
sorti des mains de la Faculté, je re-
commençais le même manège.

J'avais dans Paris des boudoirs
à ma discrétion, où je me livrais aux
orgies les plus scandaleuses.

J'étais à peine sorti de ma pension,
que je fis la connaissance d'une jeune
Danoise, qui réunissait les graces à
la beauté. Je lui parlai d'amour, elle
feignit de ne pas m'entendre. Je lui
écrivis, elle ne répondit point à mes
missives; je crus alors devoir employer
un autre langage. Des schals, des
bijoux, et quelques diamans eurent
plus d'empire et d'éloquence sur son
cœur, que tous les sentimens de l'a-
mour et les expressions les plus
vives de la tendresse. Elle s'hnma-
nisa en raison de mes cadeaux, et

13

à force d'argent, je parvins enfin à dompter cette beauté rebelle.

Mademoiselle Bergaman, (c'est ainsi que s'appelait ma maîtresse) était la personne la plus capricieuse que j'aie jamais connue : je ne l'ai jamais vue deux heures de suite dans les mêmes sentimens, dans la même opinion. Au moment de monter en voiture pour aller au spectacle, au bal, ou à une partie de plaisir, elle changeait tout-à-coup d'idée, et voulait partir pour la campagne. Un point sur lequel elle ne variait jamais, était celui de me soutirer de l'argent ; elle était insatiable.

Je l'entretins pendant trois mois environ ; je n'aurais jamais pu suffire aux dépenses et à la cupidité de cette femme, qui avait pris le parti de ne sacrifier qu'au veau d'or.

Une danseuse de l'opéra me captiva un mois ; je fis avec elle quelques folies, je la quittai pour prendre une cantatrice qui n'était pas tout-à-fait sans mérite et sans talens.

Je passais mon temps très-agréa-
blement, sans trop m'embarrasser
de l'avenir, lorsque mon frère Napoléon jugea à propos de me faire passer en Amérique.

Sous un climat brûlant, les passions fermentent avec plus de violence
et d'impétuosité. Je ne ne tardai pas
à en ressentir les rapides effets. Une
jeune Américaine, qui était sur le
même bâtiment que moi, dans la
traversée, fut la première, après le
débarquement à qui je fis ma cour.
Angélina (c'est le nom de cette Américaine), était digne de ce nom par
sa beauté, par sa douceur, sa grace,
son esprit aimable, surtout par un
cœur au-dessus de sa grâce et de son
esprit. On ne pouvait la voir sans
l'aimer ; quand on l'aimait on pouvait le lui dire : la vanité n'appro-
chait point de cette âme pure, et
e sentiment qu'elle inspirait, tenait
tant d'elle, qu'il devenait une vertu

pour celui qui l'éprouvait. Elle descendit chez son oncle. Je me présentai chez lui, il m'accueillit avec cordialité.

Angélina cherchait souvent la solitude et la campagne. Profitant de la liberté dont on jouit dans les colonies, elle sortait chaque soir, suivie d'un seul domestique, pour aller contempler la nature, respirer le parfum des fleurs, écouter le chant des oiseaux, admirer le soleil couchant : c'étaient alors ses uniques plaisirs ; ils suffisaient à son âme douce, ingénue, tendre, paisible, toujours prompte à saisir le bien, toujours lente à desirer le mieux.

J'aimais à me rencontrer sur son passage ; la conversation alors s'engageait entre nous ; insensiblement je m'apperçus qu'elle me voyait avec plaisir ; mon absence l'inquiétait, et elle m'en faisait l'aveu avec cette ingénuité qui fait le premier charme de l'amour. Cette douce colombe ne soupçonnait pas qu'en manifestant un si tendre abandon , elle fournissait des armes contre elle , et se livrait à un être dépravé , pour qui l'honneur était un mot et la vertu un ridicule.

Je sus mettre habilement à profit de si heureuses dispositions en ma faveur , et cette jeune personne devint bientôt victime de ma lubricité.

M'étant embarqué quelque temps après pour Philadelphie , j'oubliai bientôt Angélina , qui peut-être ne m'a pas encore oublié , et qui doit frémir d'indignation à mon seul nom.

Ce fut dans cette ville que je fis la connaissance de mademoiselle Petterson , fille d'un négociant de New-York. Je voulus engager avec elle une intrigue amoureuse ; mais j'échouai honteusement. Pour posséder cette belle , il ne me restait d'autre moyen que de la demander en mariage, et je m'y décidai. Ma demande fut accueillie avec empressement.

13..

Mon hymen consommé, je reçus des ordres de mon frère Napoléon, de revenir à Paris. Il fallut obéir. Ma femme s'embarqua avec moi, et après quarante jours de traversée, nous arrivâmes dans la capitale de l'empire français.

Mon frère qui avait des vues sur moi, avant de me faire part de ses intentions, me fit divorcer de ma femme; j'avouerai que je me séparai avec peine d'une personne que j'aimais, et qui m'était extrêmement attachée : ma faiblesse ne put résister aux ordres impérieux de mon frère.

Après mon divorce, mon frère me maria à une princesse allemande, et me fit cadeau en même temps de la Westphalie qu'il érigea, de sa pleine autorité, en royaume.

Je partis pour mes Etats, où je me mis à faire le roi, c'est-à-dire, à ne rien faire et à m'amuser du matin au soir, sans trop jeter mes regards en

avant (1). Les Wesphaliennes, en général, sont grandes et assez belles ;
mais ce sont des espèces d'automates.
Faute de mieux je m'en accommodai.

Une dame d'honneur de la reine,
mon épouse, excita ma convoitise.
C'était une Italienne, qui tout à la
fois était; dévote et extrêmement
amoureuse, Je lui fis connaître mes
sentimens par un de mes affidés. Ce-
lui-ci fut éconduit lestement. Pour
faire taire tous ses scrupules, je mis
dans mes intérêts son confesseur, qui
peu religieux de son naturel, parvint
sans peine à la décider en ma faveur.
Cette conquête qui m'avait si peu
coûtée, fut abandonnée aussi facile-

---

(1) Jérôme était un vrai roi de paille.
C'était Napoléon qui nommait ses ministres,
qui réglait l'étiquette de la cour Westpha-
lienne, et qui dirigeait ses finances. Car Na-
léon se mêlait de tout, et principalement
de la partie de l'argent, avec lequel, selon
lui, on pouvait tout acheter, même les cons-
ciences les plus scrupuleuses.

ment qu'elle avait été faite. La jalousie s'empara du cœur de mon Italienne ; elle murmura, pesta, vomit contre moi mille injures, et me menaça de faire usage du stilet. Pour n'être pas étourdi des clameurs de cette mégère, je la renvoyai à Ferrare sa patrie, au moment où elle s'y attendait le moins.

Jérôme termina ici sa narration. On se donna rendez-vous pour le lendemain ; c'était Napoléon qui devait faire le récit de ses aventures amoureuses, et comme plusieurs étaient ignorées, on brûlait d'impatience d'entendre le Lovelace-Napoléon.

NEUVIÈME SOIRÉE.

AMOURS DE NICOLAS OU NAPOLÉON
BONAPARTE.

TOUT le monde se tut et garda un profond silence (1).

Mes aventures amoureuses ne sont pas la partie la moins curieuse de mon histoire; les révélations que je vais vous faire, en vous amusant un instant, vous prouveront jusqu'à l'évidence, qu'en fait d'amour comme en fait de gouvernement, je fus toujours impérieux et despote. Ce préambule est déjà un peu trop long; je commence.

Vous savez, ma chère mère, que madame Léonora, cousine germaine

(1) *Conticuere omnes, intentique ora tenebant.*

de mon père, ayant perdu son époux, et ne voulant plus rester à la campagne, vint s'établir chez vous.

Cette dame, âgée de trente-six ans, si je ne me trompe, était d'une taille au-dessus de la moyenne. Elle avait de beaux yeux, et une figure assez commune ; mais avec un embonpoint plein de vie, elle pouvait encore exciter les désirs : ce que je ne tardai pas à éprouver, quoiqu'âgé seulement de douze ans.

J'étais un enfant, et je ne savais trop comment déclarer à ma cousine les sentimens qu'elle m'avait inspirés. Elle se moquera de moi, me disais-je à moi-même, ou elle informera mes parens de ma démarche un peu libre, et on me punira pour avoir soupiré pour ma cousine.

Il est bon de vous dire que je couchais dans un cabinet qui touchait à la chambre de madame Léonora. Un jour, et c'était au mois d'août, je traversai cette chambre. La nuit avait été orageuse et brûlante. Ma cousine, que la chaleur avait forcée de jeter son premier drap et sa couverture sur le parquet, était presque nue, et dormait profondément dans une attitude à ne me dérober aucun de ses charmes. A cette vue, mes sens s'embrasèrent ; un torrent de feu coulait dans mes veines ; je dévorais la dormeuse. Je m'approchai du lit sans le vouloir, et j'appuyai légèrement sur la cuisse de ma cousine un baiser qui fut un coup de foudre. Je me hâtai de sortir, j'avais besoin d'air, je me sauvai dans le jardin. Mon être avait souffert une décomposition générale. Bientôt, audacieux et entreprenant, je formai le projet de partager le lit de ma cousine. Un orage vint heureusement à mon secours. Une nuit que le ciel était tout en feu, que le bruit épouvantable du tonnerre semblait annoncer un bouleversement général dans le globe, je me jettai à bas du lit, et sans ouvrir ma porte, je donnai cours à de bruyans sanglots. Ma cousine, qui ne dormait pas, me demanda ce que j'avais à pleurer. — J'ai peur de l'orage, et je n'ose pas aller près de vous. — Viens vite, mon petit Napoléon, et ne vas pas attraper du mal. Dans l'instant, je fus auprès d'elle : Eléonore se rendormit ; mais pour moi je ne dormis point. Ma main audacieuse et téméraire se promena sur ses charmes les plus secrets. J'ignorais encore ce que l'amour exigeait, mais la nature, quoique faible encore chez moi, me guida. Ma cousine se réveilla en sursaut ; un enfant, s'écria-t-elle, se porter à un tel excès ! je cherchai à la rassurer ; je l'embrassai avec une espèce de fureur. Tes forces, ajouta-t-elle, ne sont point proportionnées à tes désirs. Je lui fermai la bouche avec un baiser. Que vous dirai-je de plus, j'avais tellement séduit ma cousine par mes discours, que j'ai joui sans éprouver de résistance, si toutefois on peut jouir quand la nature est en défaut.

Quoi qu'il en soit, ma cousine, pour faire cesser un amour aussi honteux que déplacé, conseilla à ma mère de m'envoyer en France, en lui disant que j'avais des moyens de réussir qu'aucun de mes frères ne pouvait se flatter de posséder.

Son avis fut suivi. Debarqué en France, je me rendis chez le frère de mon protecteur, alors évêque d'Autun, qui me fit entrer à l'école celèbre de Brienne, où je parvins bientôt à me distinguer par une aptitude peu commune aux sciences exactes. Ce fut dans cette ville que je vis Nella L... Cette jeune personne, fille d'un simple habitant de l'endroit, avait près de 17 ans. Je ne vous ferai point le détail de ses attraits, de ses charmes ; il suffira de vous dire que c'était un ange sous les traits d'une mortelle. J'avais

alors seize ans. Nella m'inspira la
passion la plus vive, et comme il n'é-
tait pas facile de l'approcher, étant
continuellement entourée de son
père ou de ses parens, elle ne s'apperçut point de mon assiduité et de
ma constance à la suivre. J'avais
formé la résolution de lui écrire,
mais j'y renonçai bientôt.

Ayant appris que le père de Nella,
pour son plaisir, cultivait un petit
terrain, séparé seulement de son
habitation par un large fossé d'eau
vive, qu'il traversait sur une planche,
assujettie des deux bouts à de forts
pieux, je projettai de détacher d'un
bout la planche et les clous de dessus les pieux et de replacer la planche
dans sa même position, en observant
de ne la faire porter que faiblement
sur les pieux. L'opération s'exécuta comme je l'avais préméditée.

Je savais l'heure à laquelle le père
de Nella se rendait tous les jours à
son jardin. Je l'attendais depuis une

demi-heure, lorsqu'enfin il arriva. A peine eut-il fait un pas sur la planche, que le bout mal appuyé quitta les pieux, et le cher homme tomba dans le fossé, en poussant un cri. Comme j'étais assez bon nageur, je me jette à l'eau, et je parviens à le tirer et à le déposer sur le rivage. Les efforts que j'avais faits m'avaient tellement affaibli, que je tombai moi-même dans le fossé où je me serais infailliblement noyé, sans les secours de plusieurs personnes qui étaient accourues aux cris du père de Nella. J'avais perdu connaissance. On me transporta dans sa maison, où le chirurgien de l'école vint me visiter.

Pendant trois jours mon état fut allarmant; je restai cinq semaines chez Nella, où j'employai tous les moyens de séduction pour l'amener au but que je désirais. La nature enfin triompha des scrupules de ma maîtresse, et ma Nella s'abandonna entièrement à moi.

Il y avait six mois environ que Nella faisait mon bonheur, lorsque M. de Marbœuf, évêque d'Autun, mon protecteur, se détermina à me faire passer à l'Ecole militaire de Paris. Je fis mes adieux à ma charmante maîtresse, en lui promettant, à la face du ciel et de la terre, de n'avoir jamais d'autre qu'elle pour amante et pour épouse. Mes promesses ne purent avoir lieu, car cette charmante fille mourut quatre mois après mon départ (1).

Ce fut en 1785 que j'entrai à l'Ecole militaire de Paris, où je ne tardai pas à me faire remarquer par mes bizarreries et par un caractère sombre et farouche.

Il y avait six mois que j'étais privé

_____

(1) On a prétendu que Bonaparte l'avait empoisonnée ; c'est une calomnie.

du plaisir de presser une femme dans mes bras. M. de Marbœuf, en me fournissant assez d'argent pour mes menues dépenses, me mit à même de satisfaire mes désirs amoureux ; je me décidai donc à les éteindre dans les bras d'une courtisane.

Une nommée Dubois, demeurant rue des Bons Enfans, tenait un sérail composé de très-jolies femmes. Un jour que j'avais la permission d'aller voir M. de Marbœuf, je passai par cette rue, bien résolu de monter chez cette femme. J'entre : La Dubois, après m'avoir demandé douze fr., me dit : Montez au deuxième, n°. 5, vous y trouverez une jeune personne qui vous conviendra, j'en suis sûre.

Arrivé au numéro indiqué, je frappe ; on ouvre ; je vois une assez jolie brune, très-fraîche, et d'un œil fort doux ; elle me reçut sans froideur et sans empressement. Elle m'offrit une chaise. Je ne savais réellement par où débuter avec elle ;

14.

heureusement un livre était sur sa cheminée :

—Vous lisez donc, Mademoiselle?

— Que ferais-je, Monsieur? je meurs d'ennui.

—Vous n'avez donc pas souvent de société?

— Que trop.

— Comment, vous n'aimez donc pas la société?

—J'aimerais celle où je trouverais le bonheur.

—A vous entendre, vous faites cet état à contre-cœur; et s'il en est ainsi, pourquoi le faites-vous?

— Cette demande exigerait des détails que je ne veux point vous donner; 1°. parce que vous n'êtes point ici pour les entendre; 2°. c'est qu'il n'est point une femme d'entre mes pareilles, qui n'eût un semblable conte à vous débiter; et pour ne point me faire soupçonner d'imposture, j'ai toujours préféré garder le silence, et j'ai bien fait.

Après quelques autres propos, et presque aussi insignifians, je lui donnai quelques baisers ; elle les reçut, mais elle les rendit faiblement. Deux fois successivement elle reçut mes caresses, sans haine et sans amour.

Après avoir sacrifié à Vénus, j'avais besoin de restaurer mes forces. Je fis monter à dîner. Une espèce d'intimité commença à s'établir entre nous. Je la pressai alors d'entrer dans le détail des événemens qui l'avaient conduite chez la Dubois ; elle le fit avec autant de simplicité que de vérité ; la misère seule l'avait forcée de se prostituer, ne pouvant, par son travail, suffire à son existence, quelque économie qu'elle apportât dans sa dépense.

Cette fille m'avait intéressé, et je promis de venir la voir le plutôt possible. Je tins ma parole. Mes liaisons avec elle durèrent jusqu'au moment où j'eus ordre, comme sous-lieutenant d'artillerie, de rejoindre mon régiment à Besançon.

Il y avait deux mois que j'étais dans ma garnison, et je n'avais pas encore noué la moindre intrigue amoureuse, le hasard me servit mieux que toutes mes recherches.

Un jour, pendant la nuit, le feu prit chez un menuisier ; la garnison prit les armes pour maintenir le bon ordre. Au moment où la maison s'écroulait, j'entends partir des cris perçans de la maison voisine. Ils me parurent venir d'une chambre au second ; l'escalier qui y conduisait était à moitié embrasé. Je m'y élance, et j'enfonce la porte d'où les cris étaient partis. Une jeune femme étendue sur le carreau, et n'ayant d'autre vêtement que sa chemise, frappa mes regards ; je n'avais pas de temps à perdre. Je la prends dans mes bras, et malgré l'incendie, je trouve moyen de la descendre dans une espèce d'écurie qui touchait à la maison. Je dépose mon fardeau sur quelques bottes de paille. J'avais

dix-huit ans ; depuis long-temps j'é-
tais sevré des plaisirs de l'amour,
nul témoin ne pouvait arriver jusqu'à
moi. Je m'approche de la belle éva-
nouie ; un baiser appuyé fortement
sur ses lèvres, lui rend un peu de
connaissance. Elle veut s'opposer à
mes désirs ; mais trop faible pour les
réprimer, ma victoire fut complète
qu'elle n'avait point encore entièrement repris ses sens.

Quelques jours après, j'allai lui
rendre visite, et poursuivre le cours
de mes exploits amoureux ; mes tentatives furent inutiles ; et pour s'y
soustraire, elle disparut un matin,
sans pouvoir découvrir le lieu où
elle s'était retirée.

La fille de la maison où demeurait cette dame, était jolie. Je la
convoitai. Comme je lui avais inspiré
de l'amour, nos pourparlers ne furent pas longs ; je la pris dans mes
bras, et lui prodiguai mille baisers ;
nous mourûmes deux fois dans les

bras l'un de l'autre, et je ne la quittai qu'avec l'espoir de recommencer nos ébats amoureux.

Au bout d'un mois, pendant une absence de quelques jours, Jeannette me fit infidélité. Un officier de la garnison s'était établi mon successeur ; je voulus une explication ; nous entrâmes dans un café, et comme nous n'avions nulle envie de nous battre l'un et l'autre, l'affaire s'arrangea on ne peut mieux, persuadés que ce serait une folie de nous couper la gorge pour une jeune fille, qui n'avait pour guide que ses désirs et son tempérament.

Rappelé à Paris par les circonstances, j'y trouvai Paoli mon compatriote, qui me proposa de l'accompagner en Corse où il retournait.

La Corse, ainsi que la France, était partagée en différentes factions ; je me jettai à corps perdu dans les plus turbulentes, qui offraient par conséquent plus de chances à mon ambition. L'organisation de la garde nationale fut en partie mon ouvrage, aussi j'en fus nommé l'un des capitaines. C'est alors que je fis connaissance avec un nommé Giovanni, capitaine dans le même corps.

Ce Giovanni avait une femme charmante. C'était la Vénus de l'île de Corse. Étroitement lié avec son mari, sa maison était devenue la mienne. Je ne tardai pas à devenir amoureux fou de madame Giovanni ; mais elle aimait son mari, et je sentais la difficulté de l'amener au but que je désirais ; je résolus d'user de stratagême, et d'aller rarement chez elle. La première fois que je m'y présentai, elle m'en fit d'agréables reproches, et me dit en riant :

— Quelque belle nous aura sûrement privés de votre société. Quoique votre présence ici me fasse beaucoup de plaisir, je ne serais point faché de vous voir amoureux ; car, mon cher Napoléon , vous n'avez pas l'air satisfait.

— Vous avez raison , je ne le suis point. Il est vrai que je sens vivement batre mon cœur à l'approche d'une belle ; mais jamais personne encore n'a reçu l'aveu des sentimens que j'éprouve.

— Allons, vous badinez ; me croyez vous assez bonne pour croire qu'à votre àge, jamais femme n'a reçu vos caresses, et n'y a répondu ?

— Un pareil aveu me coûte ; je suis tenté de vous dire le contraire, tant il me suppose peu de moyens ; cependant rien n'est plus vrai que cet aveu, dont je rougis malgré moi ; mais vous êtes trop mon amie, pour que j'aie à craindre qu'un pareil secret sorte de votre cœur. Ce n'est pas au surplus que la nature m'ait refusé un cœur ; au contraire je me sens depuis quelque tems capable de brûler une femme de mes caresses, et de lui donner des preuves multipliées de mes transports.

— Savez-vous qu'une bégueule ne suivrait pas cette conversation ; mais elle a quelque chose de si piquant, que je ne me priverai pas du plaisir de vous répéter que je ne puis....

— Ne croyez rien, Madame ; je vous en supplie, ou plutôt finissons sur un sujet qui me couvre d'humiliation. Cependant, chez moi, c'est défaut d'occasion ; vous n'ignorez pas que, dans toute autre circonstance, j'ai quelquefois déployé de la fermeté et des moyens.

Ces derniers mots prononcés avec un mécontentement étudié, la firent éclater de rire.

— Vous vous fàchez ?

— Madame, j'en suis incapable ; mais je vous fais observer seulement que votre extrême gaîté, me fait regretter de vous avoir confié un pareil secret.

15

— Tranquilisez-vous, mon ami, vos secrets sont en sûreté.... mais puisqu'il est vrai que de tendres desirs vous agitent, que ne faites vous comme votre ami ? depuis sept ans qu'il est mon époux, j'aime à croire qu'il n'a pas compté un moment de chagrin. J'en suis aimé, je l'adore, et il répond à ma tendresse. Que n'adressez-vous vos vœux à la jeune Camille Aréna ? c'est la plus jolie personne de votre pays ; je me charge d'en parler à sa mère.

— Oh ! madame, que parlez-vous d'épouse et d'établissement ? Oubliez-vous qu'avant d'y penser, il faut absolument que je me fasse un état, et que mes seules ressources pour y parvenir, se bornent à mes talens, à ma liberté.

— En ce cas, mon cher ami, brisons-là ; vous m'estimez assez pour me croire incapable de vous servir en un autre sens.

D'après cette conversation, sentant qu'il ne me restait aucuns moyens propres à séduire la femme de mon ami, et ayant pris la détermination d'en jouir, je ne vis plus d'autre expédient pour arriver à mon but que d'employer la ruse, et de mettre à profit la première absence de monsieur Giovanni, en administrant un puissant somnifère à son épouse. Je me munis en conséquence d'un dormitif, que je portais toujours sur moi. Six semaines s'écoulèrent au bout desquelles Giovanni, fut obligé d'aller passer quelques jours à San-Fioranzo. Tous les jours, après souper, son épouse avait l'habitude de prendre le thé. Je guettai l'instant où la domestique s'absenta pour jetter ma poudre dans la théière ; j'entrai ensuite chez madame Giovanni, qui me fit mille instances de prendre avec elle du thé ; je refusai, sous prétexte qu'il me séchait la poitrine.

Après lui avoir souhaité le bonsoir, je feignis de me retirer ; mais comme

on ne me reconduisait jamais, je
montai droit à la chambre à coucher
de madame Giovanni, et je me glissai dans un vide qui existait entre la
commode et une armoire.

Il y avait à peine une demi-heure
que j'y étais lorsque j'entendis monter l'épouse de mon ami. Elle se jeta
de suite dans son lit, où elle fut
bientôt plongée dans un profond
sommeil. Je sortis aussitôt de ma cache, et m'enivrai avec fureur à la
coupe de la volupté.

Lorsque mes premiers transports
furent calmés, je me glissai dans le lit
de ma belle dormeuse, où je fus heureux de tous les plaisirs de l'amour.
Elle poussa enfin un profond soupir,
et sortit par gradation de son assou-
pissement ; alors plus prompte que
l'éclair, elle se lève et ouvre les ri-
deaux. On peut juger de son étonnement, aussitôt qu'elle me reconnut.
Son premier mouvement fut d'aller
mettre les verroux : elle prit ensuite

,ses vêtemens qui étaient sur une bergère ; et fut s'habiller dans un cabinet à côté. Plutôt vêtu qu'elle, j'attendais avec impatience qu'elle vint me trouver ; elle parut, et me tint ce petit discours, que je n'ai jamais oublié.

« Monsieur, j'ai percé toute la noirceur de votre crime ; à l'aide d'un somnifère vous avez obtenu ce que je ne vous eusse jamais accordé. Je pourrais venger mon injure et faire tomber sur vous le glaive de la loi ; mais, non, Monsieur, le mal est sans remède, et je ne veux point porter la mort dans le cœur d'un époux qui m'adore. Si je suis déshonorée, ce secret restera entre nous deux ; ou plutôt me fera oublier cette faute involontaire. Ne craignez aucuns reproches de ma part. Je ne vous demande qu'une seule grace, c'est de ne plus prétendre à l'avenir aux faveurs que vous m'avez dérobées ; c'est de ne jamais ouvrir la

15.

bouche pour me parler de votre passion, et de la fatale nuit que vous
avez su vous procurer à mes côtés.
J'exige encore que vous ne changiez
point de conduite à l'égard de mon
époux; car je craindrais qu'une re-
traite absolue de cette maison n'é-
veillât des soupçons en son cœur. A
ce prix seul, Napoléon, je vous
pardonne, optez. »

Je fus ravi de la tournure que prit
cette affaire, mais la suite m'apprit
qu'une Corse ne pardonne jamais, et
se venge tôt ou tard de l'outrage
qu'on lui a fait.

Quatre mois s'étaient déjà écoulés,
lorsqu'un jour madame Giovanni me
dit : « Mon époux soupe en ville,
faites-moi le plaisir de prendre aujourd'hui sa place, et de souper
avec moi : Je sais que vous aimez
la raie, je vous en fait préparer. »

Sans rien prévoir, et me flattant
au contraire que madame Giovanni
se servait de ce prétexte pour m'ac-

corder de bonne volonté ce que je n'avais obtenu que par ruse, je me rendis, transporté de plaisir, chez elle.

Sur la fin du repas Giovanni survint ; je me retirai.

Il y avait à peine deux heures que je reposais, lorsque des tiraillemens douloureux dans le bas-ventre me réveillèrent en sursaut ; je fus très-malade. Je ne doutai plus alors de la cause première de mon mal.

Ma mère avait fait prévenir madame Giovanni. Ils vinrent l'un et l'autre, au point du jour ; l'épouse avait passé dans la ruelle de mon lit.— Eh bien ! me dit cette femme atroce, avec une pitié feinte, qu'avez-vous donc, cher Napoléon ?—Je l'ignore, lui répondis-je, mais je souffre cruellement. Alors, s'approchant de mon oreille, de manière à n'être entendu que de moi, la cruelle me dit : — Puisque vous ignorez la cause de votre mal, je veux bien vous l'apprendre. Vous m'avez lâchement

déshonorée, et moi, je vous ai em-
poisonné. Mon époux est là ; publiez
votre crime, et je publie ma vengeance. Elle alla ensuite s'asseoir en
face de mon lit.

Je brûlais de me venger. Un mémoire calomnieux contre Giovanni
et son épouse et plusieurs autres
habitans de la Corse, que j'envoyai
à la Convention nationale, les fit
déclarer traîtres à la patrie. Ils s'en-
fuirent de la Corse, et se retirèrent
en Angleterre.

Je suivis ma mère à Marseille. En
face de la maison qu'elle occupait
demeurait un Américain, capitaine
d'un vaisseau de sa nation, dont la
fille, nommée Caroline Pinginlton,
réunissait aux grâces une taille élé-
gante, une tête romaine, un regard
plein de feu, et des traits mobiles.
Quant au moral, c'était une femme
qui s'était mise au-dessus des préjugés de son sexe, en un mot, c'était
une femme esprit fort.

Un rapport secret d'humeurs, et
une manière à-peu-près égale entre
Caroline et moi d'envisager les choses,
ne tardèrent pas à nous rapprocher ;
comme elle était presque toujours
seule, son père étant à bord de son
vaisseau ou en course, je lui demandai la permission de lui rendre
visite .

— Je vous estime, me répondit-
elle ; qui peut vous empêcher de
venir me voir ?

— Vous êtes seule.

— Croyez-vous que j'aie besoin
d'être observée ?

— Je ne veux point dire cela ;
mais le public....

— Le public est un sot. Je ne
brave point l'opinion, mais je n'en
suis point esclave ; quand ma conscience n'a rien à me reprocher, je
m'embarrasse fort peu des propos
du vulgaire, qui ne deviendront jamais la règle de ma conduite.

Depuis un mois je profitais de la

permission de la visiter; nous parlions ensemble de philosophie, de lois, de gouvernement. Un soir en la quittant, j'osai appuyer un baiser sur ses lèvres, et je me retirai bien vîte, craignant de l'avoir irritée. Le lendemain je fus très-satisfait de n'apercevoir dans ses traits aucunes traces de ressentiment ; j'osai lui parler d'amour ; loin d'être effarouchée, elle manifesta des sentimens qui me plûrent infiniment ; elle brûlait de recevoir les premières leçons du plaisir. Je pris alors sa main, et l'entraînai doucement vers un lit de repos, où elle s'abandonna à toutes les impressions du plaisir.

Depuis quinze mois je m'enivrais de volupté dans les bras de Caroline: Nous étions à la fin de 1793, mon amante m'excita à profiter des *bienfaits* de la révolution. On me vit bientôt dans tous les clubs de Marseille, plaidant avec chaleur une cause dont je méprisais tous les élémens,

Caroline me fit connaître Salicetti ; il me présenta à Barras qui me fit obtenir un grade dans l'arme de l'artillerie, avec l'ordre de rejoindre le quartier-général en avant d'Ollioules. Caroline vint m'y rejoindre en habit d'hommes, et passa à l'armée pour mon frère d'armes.

Le 8 octobre 1793, à une affaire qu'il y eut aux gorges d'Ollioules, et où je me distinguai, on m'éleva au grade de chef de bataillon, dans l'arme de l'artillerie. Je fus un de ceux qui contribuèrent le plus efficacement à la prise de Toulon. J'étais au comble de la joie des lauriers que je venais de cueillir, lorsque Caroline reçut une lettre de son père, qui lui écrivait de Brest qu'elle eût à le rejoindre sur-le-champ ; que son projet était de la conduire à Boston, où sa présence devenait nécessaire.

Peu de temps après son départ, je reçus l'ordre de me rendre à Nice.

Là je continuai à fréquenter les clubs et à faire le métier de *terroriste*. Je fus arrêté ; on visita mes papiers, et on n'y trouva rien qui pût me compromettre. Lorsque la liberté me fut rendue, je me rendis à Paris pour réclamer contre mes oppresseurs. Mes tentatives n'ayant pas été suivies pour le moment du succès que j'en attendais, je restai tranquille. Un jour que j'assistais à une pièce nouvelle du Théâtre Français, une jeune personne à qui j'avais cédé le devant de la loge où j'étais, me permit de la reconduire chez elle. Lucie de Sénange (c'était ainsi qu'elle s'appelait), peignait la miniature, et n'avait pour subsister que ses talens. Sans être belle, elle était piquante ; elle devint bientôt l'objet de tous mes désirs ; toujours audacieux et téméraire, je brusquai l'aventure, et fus complètement heureux. Je m'établis chez elle, dans un cabinet qui tenait à sa chambre. Nous mêlâmes nos bourses, et nous vécûmes l'un et l'autre un peu plus facilement.

Je végétais ainsi, en attendant qu'il plut aux gouvernans d'alors de me redonner de l'activité dans un corps, lorsque le 13 vendémiaire arriva. Vous savez le rôle que je jouai dans cette journée, et comment j'appris aux Parisiens à quel homme ils avaient à faire.

Je n'oubliai point ma charmante Lucie, et présumant ne plus la revoir, je lui fis meubler une petite chambre, et lui assurai des moyens d'existence.

Devenu, successivement, général, premier consul et empereur, pouvant prétendre à tout, je ne mis aucune borne à satisfaire mes goûts, mes désirs, mes passions et ma brutalité.

La première personne sur laquelle je jetai mon dévolu fut la fière B....., dont la beauté tenait plus de celle de

16

Junon que de Vénus. Comme la constance n'est pas ma première vertu,
je la quittai bientôt pour m'attacher
un instant à une de ses femmes, nommée D...., jeune, blonde, vive et
folâtre. Un homme titré ne se refusa
pas à me ménager chez lui un tête à
tête avec cette personne que je con-
voitais depuis quelques jours. Jamais
surprise ne fut égale à celle qu'é-
prouva la belle en se voyant seule
avec l'Empereur des Français : bientôt elle s'évanouit ; c'en fut assez
pour me faire brusquer l'aventure ;
mais au moment où je dévoilais ses
charmes, D..... se ranimant tout-à-
coup, me repoussa violemment. Ces
obstacles imprévus, loin de ralentir
mes désirs, les accrurent.

— Quoi ! Mademoiselle ?

— Sire, laissez-moi, vous n'ob-
tiendrez rien ; vous me tuerez plutôt.

— Vous tuer, chère amie ! je suis
incapable de vous faire le moindre
mal. J'avançais toujours.

— Sire, je vous préviens que je vais crier de toutes mes forces.

En effet, elle fit un cri : je la pris alors par le milieu du corps, et la renversai sur le canapé, en lui fermant la bouche de mes baisers ; bientôt sa faiblesse me permit de consommer le sacrifice.

La pauvre fille, victime de ma brutalité, le fut encore de la jalousie de madame B....., qui ne trouva pas d'autre moyen de se venger, que celui d'empoisonner sa rivale.

Une foule de femmes charmantes ont passé dans mes bras ; les unes ont volé au-devant de mes désirs, les autres se sont fait acheter. Celles-ci, vertueuses par tempérament, n'ont cédé que lorsqu'elles ne pouvaient plus se défendre sans compromettre leurs intérêts, et le repos de leurs familles ; quelques-unes enfin ont été surprises.

Je voulus aussi essayer des actrices. Plusieurs reçurent mes embrassemens : je ne vous parlerai pas de mon aventure avec mademoiselle G....., elle est si connue, qu'il n'y a pas de grimaud dans Paris qui ne le sache.

Dans mes amours, je me suis principalement appuyé sur celles que vous ne pouviez connaître; en vous les révélant j'ai acquitté ma dette.

Lorsqu'un monarque peut tout, on ne doit plus attendre de lui, des sentimens de tendresse. La brutalité seule agit, les émotions du cœur n'entrent pour rien dans ses caprices amoureux.

Si j'avais voulu vous faire le récit exact de mes intrigues amoureuses, dix volumes n'auraient pas suffi. Dans des temps plus calmes, je mettrai ces matériaux en ordre pour satisfaire la curiosité du public; le moment actuel n'est pas propice. Je vais vous quitter pour voler au rendez-vous d'une nouvelle Odalisque qui, je présume, s'impatiente très-fort de ne pas me voir arriver.

En achevant ces mots, Napoléon
se retira. Tous les auditeurs en firent
autant, en se promettant d'aller à
la recherche des aventures que Napoléon avait passées sous silence.

FIN.

IMPRIMERIE DE D'HAUTEL.

www.ingramcontent.com/pod-product-compliance
Lightning Source LLC
Chambersburg PA
CBHW070353090426
42733CB00009B/1407